草木生於山之上，

假以時日，自然會長成一座美麗的森林……

新修訂版

平凡的投資，豐富的收成

我的職業是股東

林茂昌——著

目次

新版序

寧拙勿巧，股票世界裡沒有標準答案

「為什麼做股票的人，十個有九個賠錢？」「為什麼我這麼努力研究和操作，結果還是輸大盤？」你拿起這本書，我猜想你可能也有過這樣的疑問。

股票投資是一種很特別的活動，在股票世界裡，常常沒有標準答案，也沒有一定的因果關係。它既不同於樂器的學習，有固定技法可以熟能生巧；也不同於求學考試，只要努力讀書就可以拿滿分。當然，完全不下功夫更是沒有機會。那麼，在這個沒有答案、看不出因果關係的世界裡，我們要如何「用功」呢？

這正是股票投資最令人崩潰的問題。試想，一位有為的年輕人，省吃儉用存了一筆錢，並花許多時間和精神做足功課，終於踏進股市開始奮鬥，最後卻有九成的機會賠錢出場，而且事後還不知問題出在哪裡、如何改進。在這種情況之下，許多人自然就選擇遠離股市，終身脫離苦海。

當年，出版社邀請我寫一本股市投資的書，令我猶豫再三。一來，我不是股市名家，也沒有可歌可泣的輝煌戰果。二來，關於怎樣買股票賺錢的著作汗牛充棟，投資背後的道理豈是三言兩語說得清楚的？何況，這些道理在大家聽起來不過又是老生常談，沒多少人真有興趣耐心聽進去。如果投資人不能從現有的這麼多典籍當中獲益，我一枝禿筆，又能起什麼作用？不如敝帚自珍，反而逍遙自在。

但是，每當我看到身邊許多朋友，屢敗屢戰地把血汗錢浪擲在股海浮沉當中，以為這麼做就能換取驚人財富，我就會有一股衝動，想告訴他們：「你們搞錯了，投資，真的不是這樣輕易買進又賣出的遊戲！」

尤其今天，面臨席捲全球、遠比我們想像更為嚴重且複雜的低薪現象，我認為年輕人一味等著政府去解決絕不是辦法，而是必須自尋出路，從省吃儉用開始，早日累積小額資金並長期投資股市。不要因為資金小就認為不可能或是太困難，其實只要有毅力，一點兒也不難。重點是：持之以恆，讓複利效果出現。

我曾經在另一部拙著《用心於不交易》（大是文化出版）中提到美國一位老太太，如何在一九三五年用她擔任祕書數年所存的錢，以每股六十元買了三支亞培股票，接著股息再投資，只買不賣，到二〇一〇年過世時，股票市值竟然高達七百萬美元之譜。

無獨有偶，一位在二〇一四年過世的二戰退伍軍人李德（Ronald Read），先後當過加油站服務生和百貨賣場清潔工，竟然靠長期股票投資，累積市值約八百萬美元的財富。他在遺囑中，把總計約六百萬美元的部位捐給當地的圖書館和醫院。他的持股多達九十五檔，許多股票抱了數年甚至數十年。李德生活甚為節儉，開著一輛二手的Yaris，朋友都不知道他原來是個百萬富翁（換算成新台幣，更是億萬富翁）！

我深信，任何人都可以經由勤奮節儉再加上股市長期投資的複利效果，脫離所謂的流離階級。現在年輕受薪階級的憤怒是可以理解的，但請別忘了，長期複利效果是你們的最大優勢，好好把握，至少是一線希望。

胡適晚年曾說：「凡是有大成功的人，都是絕頂聰明而肯做笨功夫的人。」並將源自朱熹的十六字銘言送給了陳之藩先生：「寧繁勿略，寧近勿遠，寧下勿高，寧拙勿巧。」

投資之路也一樣，我們共勉之。而如果您想認真研究股票，從本書接下來六講，了解幾種主要的投資策略，或許是一個不錯的開始。

最後，我要感謝王崇德先生、陳詩磊先生、何文川先生和宋德滿先生等幾位「股友」的長期友誼，和你們交換投資心得，讓我獲益良多。

感謝台証衍生性商品部和期貨時代的老戰友：珮玉、勝彬、志傑、祖豪、淑芬、怡穎、雅斐、春芬、建國，以及許許多多的老同事。當然，這一切都要感謝台証時代的吳東昇總裁與已經過世的林克孝博士的支持。我永遠懷念那段台証歲月。對了，差點漏掉廖宏遠先生，還有中國信託時代的老長官和老同事們。

我要感謝早安財經沈雲驄先生的鼓勵與支持，否則不會有這本書。感謝細心專業的黃秀如小姐與活潑熱心的陳威豪先生。

我要感謝父母親的栽培之恩，還有文馨和宇謙的包容與支持。

| 第1講 |

把買股票當做一種「正和遊戲」來玩

克服難關，享受投資樂趣

市面上的投資理財書已是汗牛充棟，而出於名家大師者更是不勝枚舉，憑什麼我要班門弄斧寫這本書呢？

因為絕大多數的理財書都是告訴我們如何做才會成功，把積極的訣竅和做法教給我們，要我們如法炮製。然而，本書的目的之一，是要把我個人按照這些積極建議去執行時，所遭遇到的困難和痛苦寫出來，同時不揣淺陋，將一些個人的「防身之道」拿出來和讀者分享。

把股市當做「零和」競技場，你就累了

首先，投資股票不是一種輕易買進又賣出的遊戲！

買進賣出的短線交易，幾乎就是一種零和遊戲——一個人多賺一塊錢，就必然有另一個人少賺錢。買過股票的人都知道，我們很容易在不知不覺中，陷入這樣的遊戲中。在這場遊戲中，每個人都想打敗市場，因此都竭盡所能地想要用更聰明的方法，爭取更先進的資訊。每個人都相信或希望，自己今天買的股票，不久之後可以用更高的價格賣給別人。大家彷彿把股市當成了一個鬥智又鬥力的競技場，成者為王，敗者為寇。

但很多人忽略的是：通常在零和遊戲中，一場接著一場的比賽之後，常勝軍往往是少數，絕大多數人，必將落敗。這也就是為什麼，很少散戶真的在頻繁的買進賣出中賺到錢。你可以問問身邊的人，無論進場多久，有幾個能在股市中賺到一輩子的大財富？

而儘管沒賺到錢，還是有很多散戶繼續深陷其中，繼續冀望著不斷買進賣出之後，將來有一天，能修成正果。

我從沒有看過哪種零和遊戲，可以像股票市場這樣，如此大規模地讓那麼多人投入那麼多時間與精力，而且玩那麼久。例如下棋，玩個幾局就夠了，而且輸贏對大多數人來說，也沒什麼重要；或者如戰爭，就算是世界大戰，也絕對沒法像股市這樣天天開盤；還有樂透，多數人是花錢娛樂自己，買個幾期玩一下過過癮就好，或是等獎金累積很多時碰碰運氣。一般的零和遊戲，玩家通常撐不久，因為輸家會退場，遊戲會結束。

你可能會問，既然如此，為什麼我們還是會看到成功的投資者告訴我們，股市可以長期玩下去呢？例如巴菲特，不就是數十年都身在股市中，而且賺到變成世界最有錢的人嗎？

因為，股市長期而言（至少就好公司來說）其實是種「正和」遊戲——也就是：大家都能皆大歡喜地賺到錢。我們買股票，並不只是買一張印著公司名稱的紙而已，更重要的是這筆錢，不論過程多複雜，都會輾轉投資到這家公司裡。而公司則運用這筆資金，去生產產品或服務客人，然後賺取合理報酬以分享股東。固然，有些公司會因經營不善而倒閉，但兢兢業業、有競爭優勢的好公司，通常都可以穩定地賺錢。

也就是說，我們買股票之後所賺到的利潤，並不是來自「另一個投資人的損失」，而是來自無數「滿意的消費者」。是因為消費者滿意，讓公司獲利，你這個股東才會賺到錢。這本書希望帶給讀者的，就是這種可長可久、皆大歡喜的「正和遊戲」。

話說回來，這麼簡單的道理，可能很多人也都懂，但為什麼懂歸懂、說歸說，結果還是迷戀於股價的漲跌之間呢？

多摸索幾次，你才會有自己選股的手感

我自己也沉迷過，嘗過箇中滋味，當然也知道迷失中的人，不是那麼容易就能夠清醒。但我認為：如果你覺悟了，願意回歸投資的本質，把買股票當做一種「正和遊戲」來玩，就算不能立刻讓你大富大貴，總能幫助你比別人更能趨吉避凶，並且享受到投資的樂趣。這時你會發現，原來，投資是這麼簡單、這麼有趣。

一旦你回歸投資本質之後，就會發現，剩下的只是一些技術性問題而已。你會好像突然看到另一度空間似的，許多以前百思不得其解的投資難題，突然豁然開朗了。我何其有幸，能夠迷途知返，離開零和遊戲，走進正和遊戲的堂奧，悠遊其間，並享受企業經營的美好果實。

地球這麼複雜的一個系統，程度超出股市不知幾千萬、幾億萬倍，生物還不是演化出千奇百怪的生存策略。這些演化出來的策略，有的比較成功，有的只是差強人意，還有很多是立即失敗，一下子就被淘汰了，但無論如何，都是生命對系統的一種回應，也是後續演化的基礎。

當年筆者就是在這種概念下，把每一種投資方法視為市場裡的一個物種，對它們逐一研究試驗，就好像去野外採集植物標本一樣。我把所能找到的各種投資策略和相關書籍做一番整理研究，並以有限的資金和時間進行「實彈演練」。現在回想起來，那是希望與破滅的不斷循環：先有一個idea，研究之後興致勃勃地下去試做，結果亂七八糟，再重新修正或是乾脆試行另一種策略。總之，一切都是摸索！

漸漸的，不知不覺當中，感官好像變得更敏銳，也看得更清楚了。一開始我所能夠注意到的，只是一些大方向策略而已，而在一次又一次的實驗之後，慢慢就有些微妙的感覺，在若隱若現中，看到一個又一個的細節，從而有更深入的認識。但所謂的更深入的認識，常常也只是發現某一個方法無效，或是找到某個策略的缺點，但某個因素或限制條件如果有一些小變化，結果就有很大的不同。這些都不是什麼高深的學問，但假如你沒親自做過，絕對不可能知道這些「眉角」。

當然，偶爾我也會在某次的實驗上賺錢，不小心買到狂飆股票，但尷尬的是，飆漲的理由，和我原先買進的原因完全風馬牛不相干。例如我曾經買過封閉型基金，因為當時市價比基金淨值低了約一〇%，原本希望能賺到這一點點的價差。不料民國七十八年四檔封閉型基金突然瘋狂飆漲，每天漲停，原因不詳，也許是市場瘋了，我立刻改成移動平均線操作法，一直持有到跌破均線才下車，足足賺了數倍。這是題外話了。

於是，經由一次又一次的實驗操作和檢討，你會發現：市場多少還是存在一些難以理解，也不容易說清楚講明白的小縫隙和短暫機會。這顯示它並不是完美無瑕的效率市場（當然也不是毫無效率的失序）。但我們該如何挖掘這些小縫隙？除了一步一腳印之外，對不起，沒有方便法門。這麼說好了，努力挖掘都不一定保證挖到寶了，更何況只是當個動口不動手的「君子」。我記得有一段期間，天天看股價線路圖、公開說明書和各種報紙，電腦Excel 更是寸步不離，試算表複雜無比。

後來台灣漸漸流行巴菲特和價值投資法，剛開始光看書其實很難真正理解或接受，因為台灣一方面缺乏可口可樂這樣的品牌公司，另一方面當時台股本益比普遍居高不下，根本找不到體質不錯的「價值股」。接著國際網路券商興起，我透過這管道，買了些巴菲特的波克夏股票，開始追蹤他的投資行徑。此外，每當公開資訊發布他買了某一檔股票，我會選擇性地在差不多價位跟著買進幾股，主要是跟著學習並思考。一段期間之後，我的投資方式產生極大的變化。

我要強調的，並不是哪一種投資法比較好，而是說，只有在我們自己一步一步毫不含糊地試驗實作之後，才會找到真正適合自己的投資方法。千萬別以為自己很 smart，隨便花點力氣研究股票，就可以輕鬆打敗市場。更不要以為你功課很好，考試總是名列前茅，所以股票投資，隨便做都能贏市場。我願意不厭其煩地再次強調：你必須下真功夫去實驗、檢討和修正。不用急，就按照你自己的步調，功夫做足了，自然會看到一些尋常看不到的東西。一旦找到適合你自己的投資法，果實是豐碩的，人生是彩色的，這點相信大家都明白，就不用多說了。

注意：上一次買股賺錢，不等於你下一次可以依法炮製！

說到 smart，本書前一版中我講過一個小故事：

有個知名的理財廣播節目曾經訪問台灣智庫董事長陳博志教授，請教他有關金融海嘯以及衍生性商品的問題。陳董事長針對這個議題，做了精闢而條理分明的分析，令人折服。就在訪談結束之際，聽眾們（至少我是如此）對金融海嘯有了更深入的了解之後，主持人突然話題一轉，問陳博志董事長自己平常如何理財。

陳博志回答：「我不理財，只放定存。」

這個答案，當時讓主持人有點結巴，一時間還不知該如何接話。

陳董事長是台大經濟系教授（其實我應該稱他為陳老師，雖然很遺憾的，我在大學時沒修過他的課），曾經當過經建會主委，除了有深厚的理論素養之外，對於經濟事務，尤其是台灣重大經濟建設的規畫、管考和評估等，更是有豐富的實務經驗。以一般人的想法來看，他一定在投資理財上有過人之處，也有不錯的收穫。

但是，他卻把錢放定存，從來都不「理財」，為什麼？

這是不是隱含了一件事：在這位經濟學家心中，一個人不論有多深厚的學養，或是有多豐富的資訊，都不可能在股市裡賺到豐厚的利得，甚至還會帶來虧損，因此還不如乾脆放定存，比較「符合經濟效益」？我們很容易這樣聯想。畢竟，看看我們身邊所認識的人，投資股市多年，真正賺到錢的有幾個呢？

還有，這是不是也意味著，假如連經濟學家都不肯投資，只肯把自己的錢放定存，我們大家是否也就不必費心研究什麼投資理論了，反正都是做白工？假如是，那些長期在股市上獲利的人，譬如巴菲特，又是怎麼一回事呢？

難道，巴菲特有什麼獨門祕技嗎？但據巴菲特自己說，他的投資哲學很簡單，連微積分都用不到。如果是這樣的話，大家都用巴菲特的方法不就行了，為什麼絕大多數的人，還是在股市中鎩羽而歸呢？

投資這件事，到底有什麼重大的難關，是我們難以突破的呢？如果我們了解了這個難關，並想辦法去克服，是否就可以超越「經濟學家的定存」，真正從投資市場上賺到大錢呢？

很多還沒踏入股市的人，都有一種錯誤的想像，以為買股票是一種很輕鬆的賺錢方法。其實，正好相反。二十多年前，美國有個叫做理查·丹尼斯（Richard Dennis）的人在期貨操作上非常成功，用四百美元起步，一下子就賺到了兩億美元。他認為，操作法則非常明確，可以傳授給任何人去複製使用，於是他展開了一項史無前例的大膽計畫。他找來各式各樣的人，經過短期訓練之後，給每個人一筆資金按表操作。這，就是有名的「海龜實驗」。

這個實驗我們稍後會再詳談，這裡要先直接告訴大家實驗的結果：有的人很成功，有的人卻失敗了。

為什麼？因為有「難關」在作祟。

當年在這項實驗中成績最好的，是一位叫克提斯．費斯（Curtis Faith）的年輕人。他加入海龜實驗時才十九歲，高中畢業，為丹尼斯、也為他自己賺了很多錢。不過後來費斯並沒有繼續從事期貨操作，而是做期貨交易系統軟體的開發和推廣工作。

為什麼他不再繼續操作下去？答案是：在期貨交易裡，並沒有「一日陸戰隊，終身陸戰隊」這回事。上一次交易的成功，不代表你下一次就鐵定能賺錢。你每一次的交易，難關都會如影隨形的出現，不會因為你以前過關了，以後就不用再接受試煉。充其量，只是你有過關的經驗，更有實力去接受考驗罷了。

我自己在投資上，也碰過前面所說的「難關」。我任職於證券期貨業之時，也見過許多客戶碰到難關的情況。因此我知道，難關雖然不可避免，卻不是不能克服的。

說到難關，台灣的海軍陸戰隊蛙人部隊在結訓時，就有一個叫做「天堂路」的難關得過。所謂的天堂路，就是在鋪滿尖銳石塊的五十公尺道路上，蛙人部隊得打著赤膊翻滾通過。可以想見，過關的人無不遍體鱗傷，更別說沿路上每一次翻滾時的錐心之痛。但過關之後的蛙人，一輩子都能以這樣的紀錄為榮。

只是大家想像一下，如果你一輩子得一次又一次接受「天堂路」的考驗，那會是什麼滋味呢？

沒錯，投資就是如此。

明白了這個道理，你會愛上投資的美麗境界

讀到這裡，可能你要放下這本書，打退堂鼓了。不過是想多賺點錢，有必要這麼苦嗎？當然沒有。我想告訴你的是，雖然在投資的天堂路上，一次又一次的挑戰是無法避免的，但並沒有規定非得這麼苦不可，沒有要你打赤膊，也不一定要用翻滾的。相反的，你可以在身上包一層厚厚的皮衣，也可以用跳的，甚至於搭在別人的身上。

這本書接下來所要講的五門課，就是你過天堂路之前，所必須準備好的皮衣，可以幫助你減輕過程中的傷害。許多理論我個人都實際操作過，因此我也寫下了我個人的操作心得，提供給大家參考。

在股市裡，Shit happens，也就是說，鳥事會發生。因此，積極的投資方法與建議固然重要，了解可能會發生什麼鳥事，以及可能的因應之道，也不可偏廢。總之，新手在闖投資的

天堂路之前，最好先了解會有什麼鳥事發生。

至於看完本書之後的你，將來要不要去闖天堂路，或是要闖幾次，就看你自己的勇氣和智慧了。

最重要的是，在藉由接下來五門課裡所談到的投資理論，一次又一次地通過天堂路之後，你會發現，自己可以上高檔餐廳好好地享受美食而不覺心痛。接著你也會發現，自己可以買心愛的３Ｃ用品或名牌包包，再來是可以買車、買房、收租金。

只不過，我猜想，到時候恐怕你對這些物質享受，反而沒什麼興趣了。這的確很奇怪，等你親自體驗過，就知道了。

第2講

請給我一支飆股！

先找到一家好公司，然後等它變冷門

關於抓成長股，讓我想到愛爾蘭一個古老的鮭魚神話，很有意思。

愛爾蘭人把鮭魚視為珍品，認為吃鮭魚不僅可以強身，還可以得到智慧。吃鮭魚的小孩會變聰明。傳說有一隻鮭魚，叫做智慧之鮭，牠吃了九口井旁的榛樹子，而得到大智慧。據說第一個吃到這條智慧之鮭的人，就可以得到大智慧。

詩人伊瑟斯（Finn Eces）花了七年的時間研究、追蹤，終於捕到了這條智慧之鮭。他叫他的學生代為宰殺烹煮，然後自己獨享。最後他的確是一個人吃完了這條智慧之鮭，但是，他得到大智慧了嗎？

在此且按下不表，我們先回到正題，談談什麼是「成長股」，以及為什麼這三個字對很多投資人來說這麼有魅力。

假如買到成長股，獲利是以十倍、百倍計的

讀過理財書的人，都曾想要買進「成長概念股」。也就是，現在可能還不怎麼樣，但是未來會非常好的股票。

這個道理，其實不用解釋就很清楚了：如果你自己要創業開公司，會投入什麼樣的事業呢？當然是前景最棒的成長事業。

一個成長的企業，會不斷的茁壯，不但可以吸引最優秀的人才，還會吸引大量資金，在人財兩得之下，進一步再刺激成長，從而構成一個良性循環，為投資人帶來豐厚的報酬。你可以在很低的價格買進，然後等待股價飆漲之後賣出。

提到這種類型的成長股，在台灣我們馬上會想到台積電、鴻海，或是美國的微軟、思科，或蘋果電腦。因為，如果你能在這些公司初步展現成長潛力時介入，長抱不放，其投資報酬可不是用一成、二成來算，而是以十倍、百倍計的。

換句話說，如果我們可以找到一個投資法則，讓我們能夠在「早期」就把這些成長股挑出來，長期持有，直到這些公司邁入成熟期……，那麼，我們不就賺死了嗎？這，當然就是

一個不折不扣的成功投資法則，就這麼簡單！

發現下一個鴻海，沒有你想的那麼困難

就這麼簡單？你可能會問：那麼，要如何「事先」挑出真正的成長股呢？媒體上三不五時就會有文章介紹「下一個鴻海」、「下一檔台積電」，可信嗎？我們真的買得到而發大財嗎？

事實上，依照我的經驗，挑選成長股並不像大家想的那麼困難。因為，那些「假成長股」，沒多久就會原形畢露，而真正的成長股所帶來的豐厚利潤，只要被你買對一檔，就足以彌補所有選錯股的損失，還綽綽有餘。

換句話說，如果用「寧枉勿縱」的策略，我們還是可以抓到成長股，得到非凡報酬的。

怎麼說呢？要想賺到非凡報酬，讓我們先來講一下有「成長股之父」稱號的湯瑪士・普萊斯（Thomas Rowe Price）的故事。我自己曾經是個普萊斯迷，用普萊斯法操作股票多年，而且在多年前就根據普萊斯法則，找到了鴻海、台積電等成長股。

普萊斯在一九三七年，以自己的名字創立普徠仕公司（T. Rowe Price），並於一九八六

年在那斯達克（NASDAQ）掛牌上市。這家公司目前為美國標準普爾五百（S&P 500）指數的成分股，代號TROW，市值超過一百五十四億美元，排名全球上市獨立資產管理公司前三強。該公司為美國最大的共同基金和企業退休金 401K 計畫管理公司之一。

普萊斯本身學的是化學，但他覺得從事化學相關工作的收入不多，於是轉移陣地，到金融業一展長才。他先投效到美盛集團（Legg Mason），由於表現出色，一路升到首席投資長的位置。

不過，他的理念和美盛當時的管理階層格格不入，經常爆發衝突，尤其是他的成長股投資策略，一直不被美盛所接受，終於自立門戶。

先用自己的錢，到市場上試水溫

普萊斯在基金管理上有一個很特殊的作風，就是他會先用自己的錢，去測試某個投資概念，接著再用自己家人的資金去試，確認無誤之後，才動用基金的錢進場。

這種做法在今天是違法的，會被美國證管會以「搶先下單」（front running）的罪名起訴。

但普萊斯「上菜之前，自己先試吃」的做法，老實說，還不失為一種很負責任的操盤方式。

普萊斯曾經公布其家人的一個投資組合。這個組合在一九三四年投資一千美元，到一九七二年年底的淨值為二七二二〇一美元，相當於在這三十九年當中，每年複利成長一五・四%。

其中，以默克藥廠（Merck）這檔股票的表現最亮眼，普萊斯的家人一九四〇年以相當於每股三七・五美分的價格買進，抱了三十二年之後，股價成為八九・一三美元，增值了二三七倍。這還沒包括期間的配息呢。

成長型股票

Growth Stocks

投資界喜歡把選股的概念分為兩種：一種是成長股，一種是價值股。成長股顧名思義，就是營業收入和獲利能力的成長優於業界平均的那些企業。有時候，預期營業收入和獲利能力可望有大幅成長，也稱為成長股。這種股票通常是市場的熱門股，投資人爭相追逐，所以本益比很高。在股市多頭時，這種股票漲勢凌厲，但是遇到空頭或獲利不如預期時，跌勢也很可觀。

最好的買進點：當一家好公司「退流行」時

普萊斯的核心投資觀念，其實很簡單。他認為，一家公司就和人一樣，有成長期、成熟期和衰退期，而在成長期進行投資，獲利最豐。如果一家公司出現成熟期的跡象，就要賣出。換句話說，投資人應該找出所謂的「成長的沃土」，然後長期抱牢，直到成熟期出現。

那麼，成長股要怎麼挑呢？普萊斯對成長股的定義非常明確，有兩種：

1. 在一波波景氣循環的高點中，銷售量和盈餘不斷創新高的公司。這種公司非常適合想要賺價差的投資人，他們可以在景氣從谷底翻升之時買進這種股票。
2. 在一波波景氣循環的低點中，銷售量和盈餘一次比一次高的公司。這種股票很適合尋求穩定報酬的投資人。

經過多年的操作和調整，他發現，這樣的公司有以下幾種特質：

- 優秀的經營團隊
- 研究發展領先同業
- 產品擁有專利權
- 受法規保障
- 良好的勞資關係
- 勞動成本低

這些特質展現在財務數字上，就是堅實的**資產負債表**、**高淨值報酬率**、**高營業利益率**，以及**超出同業的盈餘成長率**。

接下來，是**買進的時間點**。普萊斯認為，最佳的買進時機，是在這些成長股**退流行之時**。成長股的本益比通常都比較高，當它退流行時，本益比跌落到股市平均值附近時，就是買進的好時機。

此外，如果本益比跌到只比這檔股票本益比的歷史低點高三分之一時，也可以考慮買進。

那麼，**什麼時候該賣出**呢？

第一，當這家公司顯露出成熟期的跡象時；第二，當股價超過買進價位三成以上之後，就該逐步分批出脫。

普萊斯自己的做法是每上漲一〇%，就出售一〇%左右。但他也有長抱不賣的，這大概是基於他個人的判斷，我找不到明確的法則。

賺多賺少，要看你有沒有急流勇退的智慧

今天很多人對「成長股」的概念深信不疑，不過當普萊斯在一九三〇年代鼓吹成長股時，業界根本不屑一顧。因為，當時是鐵路、鋼鐵、石油等藍籌股大行其道的天下。普萊斯在這樣的一個大環境下，主張鐵路等績優股已日暮西山，而去挑選可口可樂、寶鹼和ＩＢＭ等當時名不見經傳的潛力股，可是一大創舉。

但風水輪流轉，三十年後，成長股的信徒越來越多，於是出現了「普萊斯法」這樣的名詞，而普萊斯所挑選的股票，如雅芳（Avon）和百工（Black & Decker）等，也被冠上所謂「普萊斯概念股」的稱號。到了一九六〇年代末期，這些普萊斯概念股的本益比高達四、五

十倍之多，實在太瘋狂了。

於是，普萊斯反而建議大家不要買「普萊斯概念股」了。他不但把自己所持有的普萊斯股出清，還把一手創立的普信公司賣給公司同仁。如果你不知道什麼叫急流勇退的話，這就是了。

不要以為急流勇退很簡單。當時的成長股是如日中天，今天買今天就賺，股價不斷往上推升。那時候，各大投資法人、信託基金無不爭相持有高本益比的成長股。他們認為買本益

普萊斯投資法則

普萊斯認為企業的生命就和人一樣，有成長期、成熟期和衰退期。在成長期投資，獲利最豐。但如果出現成熟期的跡象，就要賣出。成長期的公司，景氣熱絡時，其營收和獲利會創新高，超過上一次的景氣高峰；而在不景氣谷底時，其營收和獲利還是高於前一波的景氣低谷。成長股通常是熱門股，但投資人應該在退流行時，本益比回跌到市場平均水準附近時才買進。當公司的營收和獲利無法再創新高，或是低於前波低谷，都是成熟跡象，應該賣出。

比最高的股票比較好，因為當公司盈餘增加時，這種股票漲得最兇。而這種公司的盈餘當然會增加了，要不然怎麼叫成長股？

一九七三年開始，空頭來襲，到一九七四年時，許多成長股從天價跌落了七五％到八〇％。許多法人機構在一九七三年歡天喜地的以一股一百三十美元買進雅芳（本益比達五十五倍），卻在一九七四年以二十五美元出貨（本益比為十三倍）。而普萊斯的接班人也不遑多讓，他們所管理基金的單位淨值，在一九七三年跌了四二％，在一九七四年又跌了三九％。「成長股」一詞，成了華爾街的禁忌。

你會從一百抱到八百，還是從八百抱到一百？

現在大家都看到了，普萊斯絕對是史上最偉大的成長股投資人。成長股的投資法則並不難，要挑到真正的成長股也不是問題，但為什麼如此多的成長型基金，績效卻在長期表現上不如大盤呢？大家明明都已經看到普萊斯早在幾年前就出場了，為什麼普萊斯的接班人，還是在一九七三及一九七四年的空頭中束手無策，眼巴巴地看著淨值往下掉？

這要親身體驗過，才知道其中的難言之隱。

成長股的問題在於：**成長股本身，往往就是股市泡沫和崩盤的「亂源」**。亮麗的前景、卓越的管理、知名的品牌、驚人的獲利能力，再加上有魅力的領導人，每一個因素都是投資人的最愛，願意不惜一切買進持有。

不是只有散戶如此，法人也一樣。當「普萊斯概念股」達到本益比四、五十倍時，正是市場最瘋狂之時。

台灣也一樣，電子股熱潮那幾年，只要是法人，誰手上沒有華碩、鴻海、台積電？通常當股價漲得越高，投資人越加肯定成長股的實力。因此，大多數投資人買進成長股的時機，不但不是普萊斯所主張的退流行之時，反而常常是最熱門、最高檔之時。成長股的股價不斷攀升，即使遠超過基本面，大家還是猛追，成交量越來越驚人。

每個人都認為，市場這麼熱，前景如此亮麗，自己絕不可能那麼倒楣，成為接到最後一棒的傻瓜。

但接下來的故事我們都很熟悉：總有一天，成長股的獲利不如預期，股價急轉直下，引發投資人恐慌，而殺在低點。這時，投資人已不相信手上那些「成長股」的實力，甚至還懷疑公司會不會有問題。

總之，就算你真的買到了成長股，也先別高興得太早。因為，**光是挑對股票還不夠，還得看你是買在高點，還是退流行之時；也要看你是在市場狂熱時急流勇退，一如普萊斯，或是在市場退流行時恐慌殺出**。

我一個朋友說得最好，同樣是買進華碩長期持有，有的人從一百元抱到八百元，有的人卻從八百元抱到一百元，而大多數人是後者。

我的鴻海經驗：抱牢在低點很難，賣在最高點更難

前面說過，我自己也曾經是個普萊斯迷，以普萊斯法操作股票多年。民國八十六、七年左右，我根據普萊斯法則，輕易地就找到了鴻海、台積電等成長股。

我的經驗告訴我，買成長股很容易，也很有成就感。雖然，我買進這些股票的價位通常不低，但買進後股價大都仍持續上漲。以鴻海來說，我買在二百五十元左右，買進後漲了好一陣子，到三百多，根本看不出鴻海有「成熟期」的跡象。接著空頭來襲，一路下跌，再加

上除權，我記得曾經跌到百元附近。

事情總是這樣的，就在股價低迷時，所有的分析都會說，ＰＣ產業已經邁入成熟期，或是代工的競爭激烈，品牌才是王道。每一天，我都要為鴻海是不是「成熟公司」而天人交戰一番。許多人就是在這種時候失望賣出，他們賣出之後，也的確鬆了一口氣，終於不用再天天受折磨。當時，我還真的有點羨慕他們的瀟脫呢。

我自己當時倒是沒有賣出。因為一來我是用閒錢買的，沒買太多；二來只要平常不要太常去看股價，其實也沒那麼難受。也因為不去看，所以我對股價記憶很模糊，就當忘了這回事一樣。這段期間，鴻海的業績雖然仍然成長，但市場都說那是靠殺價競爭得來的，沒什麼好期待。

就這樣，我抱了三、五年之後，突然鴻海又動了，來了一大波，漲到三百七十五元，注意，這還是不做除權還原的價位。朋友都說我很會拗，那些賣在最低點的人都悔不當初。不過我也沒什麼好高興的，因為第二波我還是沒有在高點賣出。唉，即使是在離高點二〇％賣出都好。顯然，我跟大家差不多，也有同樣的毛病。

我發現，要在高點賣出非常的難，比在低點抱牢持股更難。當股價天天上漲、公司業績展望樂觀之時，持股續抱總是比較容易。當然，接著又來一波下挫了，而且還跌破百元價位。

還好鴻海這些年來真是一家好公司，持有十年，算算還是有不錯的報酬。只不過，成長股投資法的難關我終究還是不太能適應。

也許你會說，為什麼不配合技術分析來抓賣點，譬如說，用移動平均線法，當股價跌破月線時賣出，就可以賣在「相對高點」了（關於什麼是「移動平均線法」，請詳見本書第四講「抓到大漲潮！」）。

這是一個很好的問題，值得在此做初步探討。如果我們以月線做為賣出訊號，通常在半年之內就會出現賣點了，有時是獲利了結，有時則是停損出場，損益大約在二成到三成左右，頂多五成就會出現回檔整理而引發賣出訊號。

問題是，成長股的成長週期通常要三、五年，獲利潛力高達一倍甚至是數倍。因此，如果用移動平均線法來抓賣點，即使賣在當時的「相對高點」，事後就整個成長股的漲升過程來看，卻往往只是「相對低點」而已。也就是說，你可能好不容易抓到了一檔成長股，卻沒有吃到精華就下車了。

難怪普萊斯要採用「分批獲利了結」的操作法則，來兼顧適時獲利了結與長期持有。幸好，只要你持有的是真正的成長股，而且長期持有直到該檔股票不再是成長股為止，即使中間有大幅波動，最後還是會給你帶來豐厚的利潤。

普萊斯說：「即使是業餘投資人，沒受過什麼訓練，也沒有時間好好管理自己的投資，只要在成長的沃土裡挑到管理突出的公司，買進這種股票並抱牢到它們顯然不符成長股定義之時，也可以有不錯的成果。」

想賺到大錢，千萬別假手他人

還記得本章一開始所說的那個愛爾蘭傳說嗎？詩人伊瑟斯雖然抓到了智慧之鮭，也吃了鮭魚肉，卻沒能得到大智慧。

原來，他的學生在烹煮那條鮭魚時，被噴出的鮭魚油脂燙到了手指頭，出於本能反應，他吸了手指頭一下。沒想到竟然就這樣，成了全天下第一個吃到智慧之鮭的人。伊瑟斯只不過是請人代為烹調，卻因此把大智慧拱手讓人。

這個故事告訴了我們兩件事。第一，就算我們親手抓到了鮭魚，也不一定吃得到精華。

第二，要得到大智慧，絕對不可假手他人。

所以，請別再到處打聽，現在哪一檔股票是未來的成長股。如果有人願意輕易告訴你答案，就等於是把魚煎好了再拿給你吃，你應該知道，裡頭已經沒有智慧的成分了。就算讓你買到成長股，若沒有智慧，是福是禍還不知道呢！

| 第3講 |

請把我變成巴菲特！

買進價值股，別忘了自己是股東

談了成長股，接下來我們來聊聊價值股。

價值投資這一派，自班傑明．葛拉翰（Benjamin Graham）於一九三〇年代創立以來，就不斷出現績效驚人的門徒。巴菲特和坦伯頓，是我們所熟悉的人物，其他還有：約翰．涅夫（John Neff）、大衛．卓曼（David Dreman）、威廉．瑞恩（William Ruane）、比爾．崔迪（Bill Tweedy）和克里斯多佛．布隆尼（Christopher Browne）等人。個個都有優越的長期投資績效。

巴菲特曾經在一九八四年寫了一篇文章，細數奉行葛拉翰投資法則的卓越投資人，以這些人的投資績效，來反駁效率市場理論。價值投資的成功，絕非是擲骰子僥倖得來。

學會價值投資，能讓你勇於逢低買進

但任何有經驗的投資者都知道，價值投資恐怕是最簡單易懂，卻也最難落實的投資理論。價值投資的觀念，簡單來說，就是用五毛買一塊——用五毛錢，買到價值一塊錢的股票。但真正去執行時，卻總會遭遇到很多違逆人性的情境。因此，價值投資人一直是「少數族群」，有時還會被冠上「反向投資人」的封號。

價值投資派的投資者，有一套計算某檔股票「真實價值」的方法，然後再根據這個計算出來的價值，和市場價格做比較，以進行投資操作。

譬如說，某一檔股票的市價是二十元，而我們計算出它有三十元的價值，因此買進，等到市價回到三十元便賣出，獲利了結。

問題是，我們是如何算出一檔股票價值三十元的？所算出的三十元有沒有問題？價值三十元的東西，市場為什麼要用二十元賣給你呢？反過來說，市價二十元的東西，我們怎麼知道有三十元的價值？而且，就算真的值三十元，也讓我們用二十元買到了，但如果市價沒有如我們所預期，漲到「應有的」三十元價格，反而繼續跌到十五元，甚至十元，該怎麼辦？

更慘的是，會不會在市價跌了一大段之後，我們再重新估算價值，這才發現，原來這檔股票其實只值十元？我們要如何處理這種狀況？

這些都是價值投資的核心問題，價值投資界有過非常多精采的論述和故事。根據價值投資法的信徒及分析師提摩西．維克（Timothy Vick）的說法，計算出一檔股票的價值，可以讓你在股市悲觀時逢低買進，也讓你在股市狂熱時保護自己，不盲目追高。

如果你算出某一檔股票的真實價值是二十元，當它跌到十五元時，你就會有勇氣承接；

巴菲特

Warren E. Buffett

全世界最知名的價值投資人，早年師承價值投資大師葛拉翰，以價值投資法建立豐碩的成果，後來在其好友查理．蒙格（Charlie Munger）的影響下，融合費雪（Philip A. Fisher）的哲學，以價值投資法買進具有競爭優勢的公司，從而在績效和投資哲學上有更高的成就。其投資特色是尋找具有長期競爭優勢的公司，趁股市空頭或公司出現短期問題時以安全的低價買進，集中投資且長期持有。

當它飆到三十元時，你知道不要亂買。正如巴菲特的說法，價值投資讓你做大致上是正確的投資，並避免犯下重大錯誤。

想像一下，隔壁的小吃店要頂讓……

首先，一檔股票值多少錢，是怎樣計算出來的呢？

一位真正的價值投資人，把股票看成是公司的一小部分。例如，當我們買了一張中信金的股票，我們就擁有中信金的一小部分。不論中信金的規模有多大，我們知道，其中有一小部分是屬於我們的。如果我們把整個中信金的價值計算出來，自然也就能算出這一張股票的價值。

但是，計算中信金的價值，這會不會太瘋狂了？中信金是如此龐大而複雜，一般人能算出其價值嗎？就算委託專業機構來計算，恐怕不同的專業機構，算出的價值也會不一樣。而且，根據我個人的經驗，當你委託專業機構來「鑑價」時，他們所提出的第一個問題，很可能是：「你有沒有心目中的價位？」言下之意，是你想要什麼價位，只要不離譜，他們就可以鑑出什麼樣的價位給你。

我們沒辦法用一個全球通用的公式，得出一檔股票的真實價值。這是不是表示價值投資不科學，不值得學習？如果每個人所算出來的真實價值都不同，為什麼又有那麼多價值投資人，有著類似的投資行為和投資績效呢？

計算一家上市公司的價值，雖說是非常複雜的事，但所採用的基本原理，卻和我們去頂下一家小吃店的道理差不多。如果你家附近有個小吃店要頂讓，而你也有興趣承接，你要怎麼計算這家店的價值呢？

基本上有兩個方法。第一，是變現法。也就是說，假設這家店要關門了，把它的桌椅、櫥窗、冰箱、冷氣及裝潢等，分別折算價格出售，看它一共值多少錢。

另一個方法，是計算繼續經營的價值。算算這家店一個月的營業額，扣除租金、水電、材料費、員工薪資等費用，實得多少盈餘。然後再估計這家店還可以經營多少年，以核算這家店繼續經營的價值。

我們實際舉個簡單的例子。有一家店，每月租金二萬元，營業額二十萬元，水電、材料和員工薪資十六萬。店裡的設備，店家說開店時花一百萬買的，如今已經用了兩年，你估計還可以再用個三年。而你想頂下的時候，銀行一年的定存利率是二%。

首先，我們用變現法來計算，一百萬開的店，經過二年的折舊，店家可能會開價要賣你六十萬。但實際上，中古設備和裝潢沒那個價值，於是你估計只值四十萬。也就是說，你估計用四十萬買下，即使不經營，立刻轉手賣出，也不至於虧損。

接著，我們來算這家店的「繼續經營價值」。這家店一個月的營業額二十萬，扣除租金、水電、材料和薪資等開銷之後的盈餘，是一個月二萬元；也就是說，一年二十四萬，三年就是七十二萬。但你知道，這七十二萬不是馬上可以拿到，而是將來每個月拿，因此必須扣除利息因素，才能算出現值。為簡便計算，我們用每年的盈餘來折現。也就是：

$$24/(1+2\%)+24/(1+2\%)^2+24/(1+2\%)^3=69.2。$$

你可以先不管這公式，總之算起來大約是七十萬。這個算法的意思是：如果你拿七十萬去放定存，每年利率二%，複利三年之後所得到的金額，和你花七十萬買這家店經營三年，每年把盈餘放定存，所得到的結果差不多。

於是，我們得到兩個「價值」：四十萬和七十萬。在這個例子中，我們也發現：一家賺錢的店，繼續經營的價值比清算價值來得高，也就是說，真實價值比較接近繼續經營的價值。但相反的，如果是一家虧損的店，繼續經營價值往往會低於清算價值，甚至可能是負值，因此，真實價值就必須用清算價值去估算。

現在，如果店家告訴你，這家店很賺，而且設備還很新，現在只要「照成本價」一百萬賣你就好了，你當然不買。

如果店家開價七十萬，你也要多考慮考慮。因為，萬一未來三年的生意沒那麼好，或是出現別的店來競爭，而且設備越來越舊，你頂下之後的生意，未必能維持一個月賺二萬。因此，七十萬並不保險。你得有一個「安全邊際」，萬一生意下滑，你還不至於虧損。因此，你頂多可用五十萬去買。

如果對方急於求現，願意用四十萬，甚至三十萬賣你，那當然更好。

基本上，這就是價值投資的做法了。

身為散戶，要怎樣計算上市公司的價值？

一家上市公司，當然遠比一家小吃店複雜，有各種的業務、設備，還有土地資產與負債。而且我們只是一般的投資人，不可能在買股票時，去清點上市公司有幾張桌椅。我們只能靠財務報表，以及對產業的側面了解，來估算這家公司到底值多少錢。

幸好，財務報表可以為我們提供相關的資訊。你可以看看以下這幾個數字：1股東權益、2稅後盈餘，以及用每股計算的3「每股淨值」和4「每股盈餘」。

財務報表上的股東權益，是會計師根據各種會計原則計算出來的，未必就等於在替這家公司清算出售的價值。例如，你會從公司的資產負債表上，看到價值不菲的存貨，然而，這些存貨實際上可能根本賣不出去，所以完全沒有市場價值；又或者，帳面上有列出公司名下土地的價值，但實際上這些土地倘若真的要賣，價格可能遠高於帳面價值。

此外，要從過去年度的盈餘去推算未來的盈餘，也充滿了變數。有的公司是大起大落，有的公司卻靜如止水。而且財務報表上的盈餘數字，有些是經理人刻意「調校」出來的，我們必須小心檢視調整。

這些計算調整，需要會計、產業、財務等專業知識。沒有這方面的專業，當然不容易估出正確的真實價值。

放心，就算是專家也未必比你行

看到這裡，很多散戶可能要大失所望了，因為看來自己再怎麼算，也贏不了專業人士。但幸好，關於一家公司的「價值」，即便是具有專業知識的人，也未必能估出「正確的」價值。

因為，一家公司的實際價值到底多少，牽涉到我們對未來的預測。

關於這點，巴菲特說得最好：「真實價值是一個估計，而非精確的數字。而且，如果利率有所變動、對未來現金流量的預測有所調整時，真實價值也要隨之更動，更加顯示這是一個估計數。」他說：「雖然評估股價所需的數學並不難，但分析師——即使是個有經驗、有智慧的分析師——在估算未來『息票』時，也很容易出錯。」

那麼，巴菲特如何克服這個問題呢？很簡單，第一，他只找簡單易懂的公司去研究。對於太複雜、太難了解的公司，他乾脆略過。

第二，他要求要有「安全邊際」。也就是說，市價要遠比真實價值低很多，他才有興趣買進，以做為真實價值估算錯誤的保護。

總之，有關價值的計算，重要的是你要了解其精神，並且找個自己了解的公司，大致上計算正確就行了；而太困難、太沒把握的公司，就承認超出自己能力，不要介入。

柿子挑軟的吃，聰明的巴菲特只找簡單易懂的公司去研究，平凡如我們，當然更應如此。

價值股，通常是買了會被人恥笑的冷門股

那麼，市價遠低於真實價值的股票，是什麼股票呢？一檔具有三十元價值的股票，卻在市場上有氣無力地以二十元交易，那是什麼樣的股票呢？不同的價值投資大師，有不同的形容詞。坦伯頓說，那是全世界最悲慘的地方。涅夫說，那是買進之後會遭人恥笑的股票。

通常，價值股都是退流行的冷門股，或是短期出現重大問題的股票。要不然，就是整體股市愁雲慘霧，投資人紛紛棄甲而逃的市場。投資人對這種股票沒有熱情，不抱任何希望，因此，本益比通常也很低。

一般投資人如此，法人也如此。這種例子，事後來看，真是不勝枚舉。就以中鋼來說，在民國八十年代素有「績『憂』股」或「牛皮股」之稱，也就是不論業績再好，股價也很難大漲。當時，中鋼每年一股賺二元。到了民國九十年，業績突然衰退，再加上原來素有好評的董事長被撤換，股價更是跌到一股十一元的低點；而當時的中鋼，每股淨值還高達十五元呢。如果有基金經理人或操盤員根據價值投資法則，主張要在一股十五元時買進中鋼，一定會慘遭砲轟，然後等到中鋼繼續跌到十一元時被撤職。

價值型股票
Value Stocks

價值股是市價低於「價值」的股票，通常是退流行或一般投資人不感興趣的股票。價值投資法認為，買進這些市價被低估的股票，等價格回到「價值」，便能得到不錯的報酬。這種股票通常有低股價淨值比及低本益比，根據研究，長期的報酬率優於成長股。但缺點是價值股可能長期無法回到價值，甚至到最後才發現，它原來是個大爛股。

在那個年代，買中鋼或是其他牛皮股，根本就是一件會被恥笑的事。你很難想像，怎麼會有人敢去買那種會被恥笑的股票。但價值投資人就是專做這種事：買進讓人恥笑的股票。

接下來幾年，中鋼一路漲到五十多元！

這當然不是說，你只要買被人恥笑的股票，就是價值投資人，就會得到不錯的績效。而是說，要當個價值投資人，你買的股票往往是羞於啟齒的股票，而且買進之後股價往往繼續下跌，看不到希望。你知道，這有多難、多痛苦嗎？

難怪，價值投資人有時候被稱作「反向投資人」。也難怪巴菲特早期操作合夥資金時，要求合夥人只有在年度終了時，才能看到持股內容。

買冷門股被笑無所謂，血本無歸才可怕

俗話說，夜路走多了，總會碰到鬼。專買被市場遺棄的股票，難保不買到名副其實的大爛股。這時，我們才發現，原來市場也不是傻瓜，低價是有原因的。這時，你會發現，買股票被恥笑，實在不算什麼，血本無歸才可怕。

就算你買到的不是大爛股，但如果這檔股票時運不濟，得花個三年、五年、甚至十年，才能回到真實價值的價位，那麼，你的投資績效要好也很難。

對於這個問題，價值投資者也提供了解答。解決方法，大致上分為兩派。

第一派，是創始人葛拉翰和其學生坦伯頓的方法：分散投資。只要分散到一定的程度，不讓一檔股票的失誤，嚴重影響整體投資組合的損益就行了。一般來說，分散買二十檔股票以上，每檔股票對總損益的影響就不會超過五％，就算一、兩檔踩到地雷，也不會造成致命傷害。

這是一種理性的分散策略。但實際執行時，我們卻會很快發現，要找那麼多檔被市場低估的股票，可不是件容易的事——除非市場處於大空頭。葛拉翰正是在一九三〇年代大蕭條時大顯身手，那時候，遍地是低估得離譜的股票。許多股票的本益比不到五倍，有些公司用股價換算的市值，還比公司帳上的現金少。那真是價值投資人的天堂，史上最多價值股的時代。

除了在極少數的大空頭時期，會有大量股票被低估之外，一般時候，股價被低估畢竟是少數。當然，你可以堅持等到大空頭，遍地都是低估的股票再進場。但那可能十年、甚至數十年才有一次。

分散投資，就像是在路上撿菸屁股來抽一口

如果你不能忍到大空頭，而是看到一檔價值股就買一檔，很有毅力地買到二十多檔，那你會發現，誤踩地雷的機會，在不知不覺中大大增加了。

巴菲特就發現這個問題。他發現，葛拉翰的投資方法，越來越像是在路上撿菸屁股，吸一口免費的菸而已。在巴菲特時代，許多好股都不便宜了，很難用葛拉翰的方法找到價值股。即使勉強找到價值股，買進之後也是乏善可陳，往往持有多年才察覺手上滿滿都是大爛股。

巴菲特現在稱霸世界，一股值十萬美元的波克夏（Berkshire Hathaway）投資公司，就是當年所買到的大爛股。他越買越多，最後竟成了大股東。

巴菲特自己也說，這是他自己花了好幾十年才悟出的道理。就算用很便宜的價錢買到股票，如果這檔股票是經營不善的公司，投資人最後往往得不到好處。因為，時間是壞公司的敵人，好公司的朋友。

因此，巴菲特的方法是：持股不必多，而是集中火力，瞄準少數幾家好公司，耐心等待股市低迷、產業不景氣，或是該公司出現短期問題時大舉買進。這樣的做法，讓巴菲特青出

於藍，把價值投資推向另一個層次。當然，他還是秉持葛拉翰的「安全邊際」原則，做價值投資，只是，他把目標放在「好公司」上。也就是說，他買的是被市場所遺棄的好公司。

「長期」和「競爭優勢」，缺一不可

大家都知道，會賺錢的公司就是好公司。但我們也知道，世事難料，今年賺錢的公司，明年未必賺錢。一家賺錢的公司，很可能因為種種因素，如景氣變差、原物料上漲、新科技出現，或新廠商加入競爭等，而變成一家不賺錢的公司。而且，當一家公司從賺錢轉為虧損時，除了股價暴跌之外，最可怕的是銀行會在最悲慘時刻，對這家公司抽銀根。體質弱的公司，很可能就此倒閉。

前面提過，價值投資，常常一抱就是兩三年，甚至五年以上，萬一在這段期間，所投資的公司從賺錢轉為不賺錢，甚至虧損，投資人便會蒙受極大的損失，因此投資人必須盡量避免這種狀況。但是，什麼樣的公司能夠避免這種厄運呢？

巴菲特認為，要找具有「長期競爭優勢」的公司。「長期」和「競爭優勢」，這兩個要素缺一不可。

先說長期的重要性。一家公司如果賺錢了，大家都看得見，於是市場上便會出現許多競爭對手來搶食這個利潤。新廠商會不斷加入，直到無利可圖為止。這是自由經濟的基本運作原則，在長期競爭之下，大多數公司的獲利能力都會受到侵蝕。只有少數具有長期競爭力的公司，能夠抵抗這股力量。巴菲特用「護城河」做比喻，一家公司就好像一座城堡，當公司有優異的利潤時，敵人就會不斷攻進來；但如果這家公司有護城河保護，就可以有效防止競爭者的攻擊。

那麼，這道護城河是什麼呢？就是專利、品牌、壟斷能力、法規保護，以及成本優勢。知名的例子有：可口可樂、迪士尼、華盛頓郵報、喜思糖果（See's Candy），還有內布拉斯加家具賣場（Nebraska Furniture Mart）。

這類公司有一個特色：假如我們要開一家類似的公司來和這種公司競爭，我們會發現，就算我們擁有無限的資金和人才，也很難擊敗這些公司。

如果從財務數字去看，這些公司都長期有著優秀的淨值報酬率（Return on Equity, ROE），也有很強的現金流量，而且財務結構穩健，甚至是零負債。

當然，護城河並非永恆的保命符，但顯然可以提供足夠的長期競爭優勢。如果我們買到這種公司，尤其是用便宜的價格買進，長期持有，自然會有豐碩的報酬。

別忘了：買股票，你就是股東

也許你要問，台灣有沒有這種股票？當然有，只是護城河沒有那麼深、那麼寬罷了。許

淨值報酬率
Return On Equity, ROE

又稱股東權益報酬率。ROE 的基本公式是盈餘除以股東權益。例如，你拿一百萬出來，另外又向朋友借了五十萬，共一百五十萬做生意，一年後獲利十五萬，你的 ROE 就是 15/100=15%。這個指標所衡量的，是公司用股東的錢去賺錢的能力。這個數據是基本的財務比率分析，屬於公開資訊，上市公司依法要定期對外發布。

多巴菲特迷早就挖出許多的「巴菲特股」，也許每個人找出來的個股略有出入，但大同小異。不過，你應該自己去找，不要假手他人，更不要人云亦云。

巴菲特這個策略上的調整，其實有很深的含意。一般來說，我們買股票，總是希望買進之後股價上漲，然後獲利了結。基本上，這樣的利潤，不是來自別人以過低的價格把股票賣給我們，就是別人用過高的價格向我們買股票。我們的利潤，在很大的程度上，是來自別人的損失。以期貨交易來看，這個觀念最明顯了，在不考慮交易成本和交易稅的情況下，這是個零和遊戲；每一筆利潤，必定來自另一個人的損失。

但股票畢竟和期貨不同，買進股票之後，我們就成了股東，即使市場停止交易了，我們所投資的公司還是繼續營運，繼續為股東賺錢。而如果我們買到的是金雞母，不斷地下金蛋，那我們當然捨不得賣了。

想像一下台北東區的金店面，租金收益既豐厚又穩定。如果我們很幸運地能以某個合理價格買到這種金店面，當然會捨不得賣。即使房市在短期內漲個幾成或跌個幾成，我們都不在乎。當然了，如果有人要出好幾倍、甚至好幾十倍的價錢來買，又另當別論。

從這個觀點看，我們就不難理解，為什麼巴菲特會說，買股票時，要假設從明天起股市就要休市五到十年。他還說，有些股票他是永遠不賣的。

當我們把投資利潤的來源，定位在標的公司的實質營運上，就會產生類似投資金店面的行為。除非有特殊因素，金店面很少在轉手的，其業主很多都是持有數十年，甚至數代相傳，累積驚人財富。

具有長期壟斷能力的公司，就好比金店面。我們所要做的就是把資金準備好，耐心等待機會。這種股票的價格通常不便宜，甚至長期被高估。但每隔幾年，總是會有人因為種種因素而急於出售，而製造難得的低價，符合安全邊際的條件。這時，別怕買了之後市價還會繼續下殺，買就對了。

買到之後，除了偶爾看看股利股息進來沒有之外，其實，就沒什麼事好忙的了。這就是股東的意義。

「我的職業是股東，但我不是職業股東。」股市名人阿土伯如是說。

| 第4講 |

抓到大漲潮！

用最簡單的技術分析看趨勢

和大多數人一樣，我初入股市時，就是用技術分析來操作。那是民國七十年代後期、八十年代初期，股市熱絡技術分析大行其道的時代。一套像樣的技術分析軟體叫價十多萬，大家還是爭相搶購。很多人——包括我在內——每天都要從頭到尾，把每一檔股票的走勢圖分析一次，幸好當時上市公司只有一百多家，但看到排在最後的工礦、台火股時，也已經眼花撩亂，疲憊不堪。

你在替券商打工嗎？

幾年操作下來，我發現，只要有紀律、嚴格執行停損，就算遇到崩盤，也不會有重大損失。但就我個人經驗來說，其實也沒賺到什麼大錢，就是小賺小賠而已，很多人都是如此。

問題的癥結，不在於有沒有設定停損，而是我無法結結實實地吃到一大波段。有時候，是買進訊號出現時，股票已高掛漲停，還連續好幾天，就算想買也買不到；等漲停打開，早已漲了一大波。有時候，是在漲升當中，出現很大的回檔，讓所有的技術分析都出現賣點，也就是所謂的「洗盤」，當然，我就被洗掉了；而等我被洗出場之後，往往股價又強勢上攻，銳不可當。總之，股票好像知道我這種「線仙」會在哪個價位買進、哪個價位賣出似的，專門跟我作對。

身邊大多數採用技術分析的朋友都和我差不多，努力交易的成果，只是小賺小賠，活像在為券商打工。

但我相信，還是有人靠技術分析致富。他們除了嚴守操作紀律之外，還有一種我稱之為「交易員特質」的天賦——敏銳、果決、冷靜、靈活。不過，這已經跳脫技術分析的理論範疇，屬於不同層次的東西。同樣的技術分析理論，他們就是可以操作到淋漓盡致的境界。就好像同樣一台保時捷跑車，我來開的話也只能紅燈停綠燈行，轉彎和變換車道記得打方向燈；但職業車手不同，他們可以甩尾過彎以極速奔馳，而且還不會收到罰單。

第一次看技術分析就上手

技術分析，是很多人使用的工具。許多投資人第一次接觸股市時，就是使用技術分析。很多每天要解盤的股市分析人員，也離不開技術分析。畢竟，股市每日都有漲跌，卻只有技術分析能夠靈敏的反映股市動態。

打開任何一套技術分析軟體，映入眼簾的，都是精美的股價走勢圖，加上許多先進的技術指標。雖然，技術分析看起來很複雜也很先進，基本理論卻很簡單，很容易上手。你只要找一本介紹技術分析的書，花點時間研讀一番，很短的期間內就可了然於心。不論是先做模擬演練，或是實際投資操作，都易如反掌，實在太有成就感了。

讀者可能會問：一個如此容易上手，而且被普遍使用的投資工具，有用嗎？反過來問也行：如果技術分析沒用，為什麼有那麼多人在使用？技術分析具有預測的能力嗎？用技術分析來操作，能夠戰無不克嗎？還有，用技術分析賺到豐碩利潤的人，他們是如何操作的呢？有沒有什麼要特別注意的？

這些都是很重要的問題，但這裡我們先花點時間，簡要介紹一下技術分析這門學問。

試試看，你能從圖中發現趨勢嗎？

雖然說，技術分析的門派五花八門，讓人目不暇給，但基本上，技術分析都是根據以下兩個假設而來。第一個假設是：所有的資訊，全都會反映在股價上；第二個假設：歷史會重演。

從事技術分析的人，不要說小道消息了，連報紙和公司的年報、財報，都可以不看的。因為他們相信，股價走勢圖已經反映一切。

此外，他們相信，股價走勢具有一定的型態，會一再重複出現。因此，只要辨識出特定型態，就可以做為投資操作的依據。

不同的技術分析派別，會有不同的型態辨識法。有的用股價圖形，有的用技術指標；有的用趨勢分析，有的做波浪分析；有的用簡單的肉眼辨識，有的用複雜的數學模型去辨識。而這些辨識方法，大致上是從約翰・馬基（John Magee）《股價趨勢技術分析》（*Technical Analysis of Stock Trends*）一書的「股價趨勢理論」所演化出來的。

馬基的股價趨勢理論很經典，也很有說服力：

1. 所有的資訊，都反映在股價上。
2. 股價的走勢，具有趨勢性。
3. 一個趨勢一旦形成，就會持續下去，直到反轉訊號出現。

根據這個理論，操作上就變得很明確：在股價圖上，把趨勢找出來，然後根據趨勢的上升或下跌，決定利多或利空方向，直到反轉訊號出現。因此，馬基在書中探討股價走勢的

技術分析

技術分析泛指所有用市場交易資訊作為操作依據的交易方法。最早將此概念系統化的應該是約翰·馬基（John Magee）。其基本哲學是所有的資訊都反映在市場交易上，而歷史會重演。所以觀察過去的股價和股市交易資訊，並進行操作，可以得到超額報酬。技術分析認為股價具有趨勢性，分順勢和逆勢兩大系統。使用的工具從股價和成交量到融資融券資訊、外資法人進出，以及複雜的技術指標等。

圖 4.1　「頭肩底」反轉型態

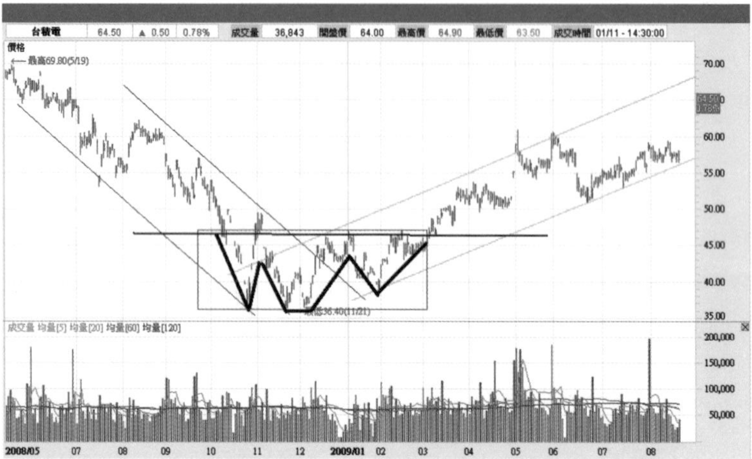

「反轉型態」——如頭肩頂、W底、三重底等，以及「趨勢繼續的型態」——如下降三角形、楔形等。

舉兩個例子來看吧。

先來看圖4.1。這是台積電的日線圖，你可以很容易的發現：從下跌趨勢反轉為上升趨勢，中間打出一個明顯的「頭肩底」的反轉型態。二〇〇九年三月第一週，即確認反轉，發出了要你「買進」的訊號。

再來看看圖4.2，這是精元電腦的日線圖。這走勢正好相反——從上升趨勢轉為下跌趨勢，中間打出了一個「頭肩頂」的反轉型態。二〇〇七年十月初即確認反轉，發出要你趕快「賣出」的訊號。請注意，右肩的成交量明顯

圖 4.2　「頭肩頂」反轉型態

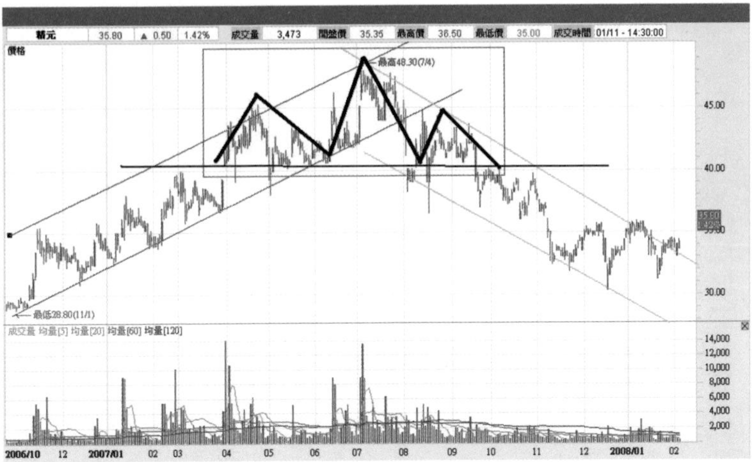

低於頭部和左肩的成交量。

另一個技術分析概念，叫做「阻力」與「支撐」。這概念也很好懂：投資人會記住一檔股票的相對高點和低點，到了高點時便想賣出，於是會讓股價回檔；然後當股價回到低點，投資人就會想要買進，於是股價反彈，形成所謂的「箱形整理」。

這種相對高低點的記憶很有趣，有時連除權過後，以前的「阻力」價位仍然可以繼續成為心理障礙。

拿圖4.3當例子吧。這是統一超從二〇〇八年十一月到二〇〇九年九月之間的股價走勢圖。

我們可以從圖上明顯看出，有兩個箱形整

圖 4.3　股價的「阻力」（統一超的股價走勢圖，2008 年 11 月至 2009 年 9 月）

理型態。第一個箱形的「支撐」在七十元（跌勢在七十元止住），「阻力」在八十元（即價格要突破八十元比較困難）。統一超的股價於二〇〇九年五月突破八十元後，進入另一個箱形。這次，新的「阻力」大約在八十八元，而新的「支撐」是八十元，正好是第一個箱形的阻力位置。由圖可以看出，即使在八月除權後，八十元仍然是一個阻力關卡。

換句話說，就技術分析的操作來看，一切都會變得很簡單：當趨勢明顯時，就採順勢操作，也就是在上升趨勢中做多，而在下降趨勢中做空。當趨勢不明顯時則採逆勢操作，當股價下跌到支撐價位時買進，上升到阻力價位時賣出。

以上這些型態，是馬基根據前人蕭百克（Richard W. Schabacker）的研究，再加上他自己十多年的心血，所得到的成果。要知道，當時還沒有電腦，股價圖形要一筆一筆地畫在座標紙上，其辛苦超乎想像。

進階囉！來學學什麼是「移動平均線」

股價型態的研判，有時會言人人殊，因此總是讓人覺得不夠精確。於是，便有人引進「移動平均線」，把這條線畫在股價圖上，做為操作的參考。

移動平均線有各種不同的日數，譬如說，「五日平均線」就是以最近五日收盤價的平均數所畫出的線。其計算如下表。

從第五天開始，我們就有最近五天的股價，於是第五

日	1	2	3	4	5	6	7	8	9	10
股價	10	11	12	13	14	15	16	17	18	19
5 日移動平均					12	13	14	15	16	17

從第五天開始，我們就有最近五天的股價，於是第五天的「五日移動平均」就是：(14+13+12+11+10)/5=12。

以此類推，第十日的「五日移動平均」就是：

(19+18+17+16+15)/5=17。

圖 4.4　貼著股價走（台積電的五日移動平均線圖）

天的「五日移動平均」就是：(14+13+12+11+10)/5=12。以此類推，第十日的「五日移動平均」就是：(19+18+17+16+15)/5=17。

從圖4.4的台積電股價走勢圖可以看到，移動平均線貼著股價走，比股價平緩。如果我們選取適當日數的移動平均線，就可以顯示出股價的趨勢。

接著，我們從圖4.5可以看到，三十日（移動平）均線好像股價的趨勢線一樣。從圖上，我們可以很直覺地得到一個簡單的操作法則：當股價由下往上、穿越移動平均線時，買進；由上往下、跌破移動平均線時，賣出。這就是一個典型的順勢操作。

從圖4.5來看，三十日均線，大致上可以顯

圖 4.5　順勢操作？（台積電股價和三十日移動平均線圖）

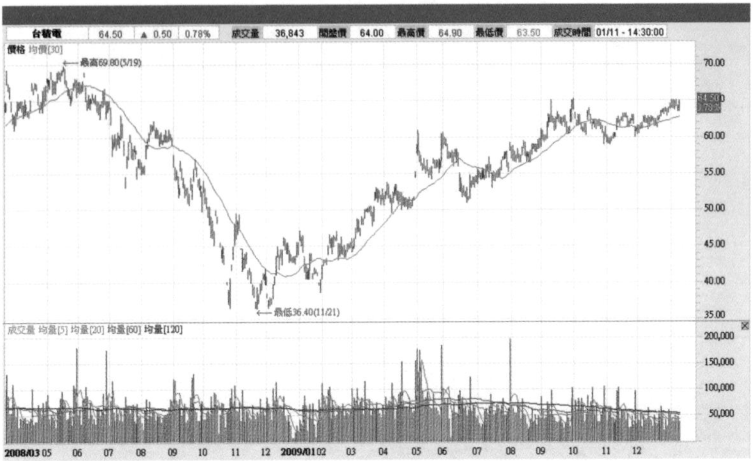

示出股票走勢，但如果按照我們上面所說的移動平均線法則操作的話，經常會出現股價穿過均線不久後又折回來的情況，這會造成操作效率低落。

為了改善這一點，我們可以試著用不同日數的均線去配，例如圖4.6，是用五十日均線去配，可以看到，操作的次數是變少了，但也比較不敏感。

那麼，究竟用幾日移動平均線比較好呢？

這一點就沒有定論了。大家常用的是三十、九十、一百八十等，又叫月線、季線及半年線；當然還有年線、十年線。你也可以針對個股，根據過去的股性，找出你自己認為最合適的均線來做為操作依據。

圖 4.6　不敏感了！（台積電股價和五十日移動平均線圖）

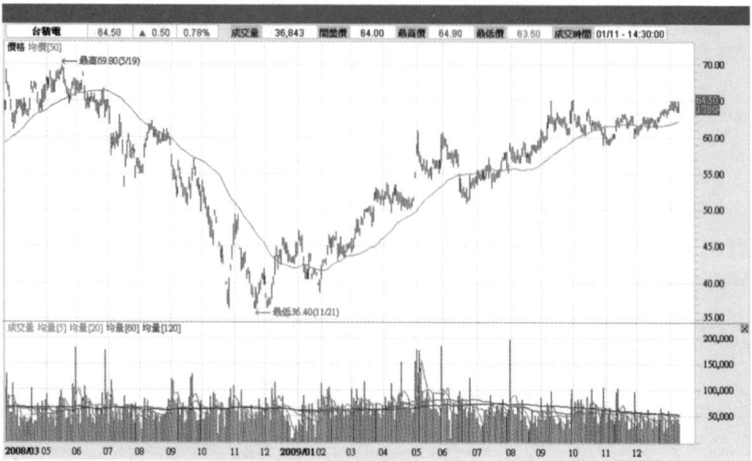

接下來，搭配ＲＳＩ試試看……

隨著個人電腦的普及，以及試算表軟體的功能越來越完備，技術分析人士開發出各種技術指標，如ＲＳＩ（相對強弱指標）、ＭＡＣＤ（指數平滑異同移動平均線）和ＫＤ（隨機指標）等。這些技術指標通常是經過一套運算法則，把股價（有的還包括成交量、盈餘數字等）轉化成在一個固定區間裡振盪的指標。

例如ＲＳＩ（Relative Strength Index），就是把股價轉化為零到一百之間的數值。當ＲＳＩ等於五十時，表示多空兩種力道相當。ＲＳＩ大於七十時，表示買超；ＲＳＩ小於三十，表示賣超。

單純的RSI指標操作，是當RSI進入賣超區時買進，而在進入買超區時賣出。但是這樣的操作法，效果並不是很好，尤其是在趨勢明顯時，往往不如簡單的平均線操作法則。

不過，這並不表示RSI指標就無用武之地。RSI配合其他技術分析，有時可以得到非常精準的結果。例如，用RSI配合股價線形來分析，往往會有驚人的發現。

圖4.7是華碩的股價圖，從二〇〇九年十一月十日左右起，股價在高檔進入箱形整理，這時的RSI指標

如何計算一檔股票的 RSI

RSI=100 – [100 / (1+RS)]

其中 RS 為相對強度 (Relative Strength, RS)=AUn / ADn

AUn 表示 n 日內收盤價上漲點數的 n 日平均數 ＝Σ(上漲點數) / n

ADn 表示 n 日內收盤價下跌點數的 n 日平均數 ＝Σ(下跌點數) / n

所以 RSI 亦可改寫成 **RSI=100×〔AUn / (AUn+ADn)〕**

例如，我們有最近七天的股價，要計算六日 RSI。

日	1	2	3	4	5	6	7
收盤價	50.5	51.5	51	53	52.5	52	52
漲跌		+1	-0.5	+2	-0.5	-0.5	0

六日上升平均數 $AU_6=(1+2)/6=0.5$

六日下跌平均數 $AD_6=(0.5+0.5+0.5)/6=0.25$

$RSI_6=100\times0.5/(0.5+0.25)=66.67$

圖 4.7　跳空跌停！（華碩的股價圖）

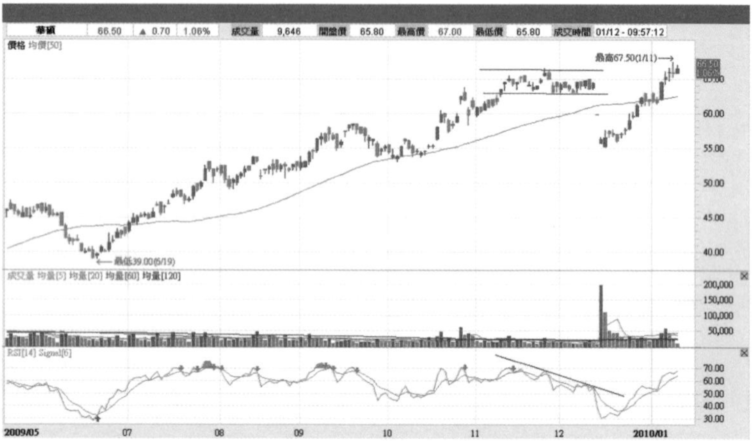

RSI 指標配合股價線形圖，往往有料想不到的效果。圖中華碩在 11 月中進入高檔箱形整理，RSI 卻呈現下跌趨勢，顯示有很大的機會跌破箱形底部。

圖，出現了一道由高檔往下滑落的下跌趨勢，顯示跌破箱形整理的機率很大。到了十二月十四日，華碩就因宣布分割而跳空跌停。

技術指標多如牛毛，我們無法在此一一介紹。隨便找一套技術分析軟體，可以看到裡頭所提供的技術指標讓人眼花撩亂、無所適從。幸好這些指標多半大同小異，操作法則也不脫順勢操作和逆勢操作兩種，再加上網路上已有豐富的資訊，要上手其實不難。重要的是，這些指標和RSI一樣，若能配合其他指標或股價走勢來研判，往往有不錯的效果。

注意！技術分析，就是在看後照鏡開車！

由於很多人用技術分析來預測未來的股價走勢，這讓更多人以為，技術分析就是拿來預測用的。如果你看到上面華碩的例子，而以為我們可以用技術分析來預測即將來臨的暴跌，那你恐怕要失望了。

技術分析之父馬基在他的書中就說得很清楚：不要拿技術分析來預測未來走勢。技術分析只是根據過去的經驗，對多空力量做測量，以做為操作的依據。馬基本人從來不去預測股市會漲到多少點，更不去扮演股市先知的角色。

巴菲特有個比喻非常傳神：技術分析好像是看著後照鏡開車。這個比喻多少有點調侃味道——看後照鏡開車，遲早要車毀人亡。但如果我們假設所有的車子前擋風玻璃都被罩住了，看不到前方，那麼，看著後照鏡開車，仍不失為一個好方法。

這時，我們會把車速放得非常慢，以免一失誤就猛撞山壁或是立刻掉入深谷。當車速慢到一定程度時，小心翼翼地注意各種狀況，一旦出現異常，就立即煞車或修正方向，也許可以讓我們安然抵達目的地。

用技術分析的術語來說，放慢車速，就是「降低風險部位」；立即煞車修正，就是「停損」。技術分析操作，如果不講究風險部位的控制和停損，那是非常可怕的錯誤。那些誤以為技術分析神準而利用融資操作，卻又不懂得停損的人，下場可想而知。

別忘了設定停損，不要傻呼呼的賠到脫褲子

從事技術分析操作，不論是順勢或逆勢操作，停損都是一個重要的課題。因為，技術分析是根據過去的股價走勢，來做多空部位的判斷；而未來實際發生的狀況，卻充滿了變數。技術分析不可能百分之百正確，錯誤訊號是很常見的問題。

而當你發現錯誤，或是確認錯誤之後，就要立即停損出場。大多數的技術分析操作系統，都已經把停損納入系統的一部分，每一次進場都會自動出現停損點，不會讓你因為一次誤判，就造成血本無歸的下場。

停損點的設置，寬窄不一，投資人可以依據自己的風險承擔能力來設定參數，我們很難說該設多大的停損位置最適當。停損點設得比較窄小，每筆交易的停損損失就比較小，但會

頻頻停損出場。反過來說，停損點設得比較寬，雖然不會頻頻出場，但每次執行停損的損失相對就比較大。

其實，停損的最大問題出在紀律上。投資人往往捨不得停損，而看著損失一路擴大，終於到不可收拾的地步。

這種事很常見，我們身邊的朋友，甚至我們自己，或多或少都犯過這個毛病。幸好這個毛病很容易治好：忍痛停損就是了。

海龜計畫：一個用四百元賺到兩億的故事

接著，我們要問：如果我們做好風險控管、嚴守停損紀律、用技術分析操作，是否就可以賺到大錢？反過來說，我們會不會在不斷的停損操作中，把錢賠光了？還有，如果技術分析加上風險控管和停損就可以賺大錢，為什麼大多數人做不到呢？接下來，我們就用一個真實例子來談這個問題。

有「交易王子」之稱的理查．丹尼斯（Richard Dennis），在一九七〇年代靠著借來的一千六百美元從事期貨交易，據說，賺到了二億美元。

他十七歲就在商品期貨交易所當跑單員，大學畢業時，沒有接受獎學金繼續攻讀碩士，而是向家人借了一千六百美元，從事期貨交易。這一千六百美元最後能夠用來交易的，只有四百美元，因為他必須先花一千兩百美元買席位，才能進場交易。

一九七〇年，他的淨值增加到三千美元，到了一九七三年更增加為十萬美元。一九七四年他在黃豆交易上賺了五十萬美元，並在同年年底正式成為百萬富翁，當時，他還不到二十六歲。

那時候的場內交易員，都是做當沖搶帽子，但丹尼斯不同，他做中期布局，抓住主要趨勢。一旦抓對了，他還會加碼，狠狠地賺到飽。

他認為，這套方法可以傳授給他人，只是這個觀點卻和他的好友威廉・艾克哈特（William Eckhardt）不同，兩人起了很大的爭辯。於是丹尼斯索性在一九八三年和一九八四年，分兩梯次招募人員，共找來二十三人。丹尼斯對這些人實施短期訓練，然後給每個學員一百萬美元的額度去操作，這就是有名的「海龜計畫」。五年後，這個計畫結束時，總共獲利一・七五億美元。

一套簡單的順勢操作法，為什麼可以產生如此大的威力？這個祕密，直到多年後海龜成員中表現最優秀的克提斯．費斯（Curtis Faith）把親身經歷寫出來，才真相大白。這本書，就是《海龜投資法則》（*Way of the Turtle*）。

海龜投資法則
Way of the Turtle

期貨交易高手丹尼斯（Richard Dennis）靠著一套基本法則，年紀輕輕就用一千六百美元創造出百萬美元的獲利。他認為這套操作方法可以傳授給他人，而且只要經過這套法則的訓練，新手也可以有不凡的成果。於是在一九八三年和一九八四年間，一共招募了二十三人進行海龜計畫，成功地複製獲利模式。

這套方法後來被其中一名學員費斯（Curtis Faith）公諸於世，其實只是簡單的技術交易法則和風險控管技術，採順勢操作系統，謹慎控制交易損失，並在抓對趨勢時加碼，以獲取高利潤。

假如你發現自己被「巴來巴去」，別意外

大多數的人可能會認為，靠技術分析賺大錢的高手，應該是精準掌握進出時機，十發九中，甚至百發百中。如果你也有這種先入為主的觀念，那你不但誤解了技術分析，而且還會嚴重影響你在操作上的風險意識與求勝意志。因為，如果技術分析高手可以巧妙地抓住市場脈動，一出手就獲利，那風險控管就沒那麼重要了。另外，如果你實際操作個幾次，發現賠錢居多的話，你很可能會懷疑自己的能力，甚至失去信心而退場。

其實順勢操作不但無法神準，勝率可能還不到一半。一般人隨機去猜測股市的漲跌，大概都有五〇%的命中率。順勢操作的命中率常常低於一半，卻還能賺大錢，這到底是怎麼回事？

我們先來看看下面這個順勢操作經常會遇到的狀況。圖4.8是一個運用三十日均線的順勢操作法，大約在四十五元買進台灣大，最後在五十五元賣出，算是抓對趨勢了。但我們看到，在二〇〇八年十二月到二〇〇九年二月間，台灣大出現了密集的買進又賣出的訊號。這些密集的買賣，就是順勢操作的最大敵人。

這個密集的買進賣出，俗稱被市場「巴來巴去」。你可以想像，順勢操作者在這段被巴

圖 4.8　**順勢操作的大敵！**（台灣大三十日均線圖）

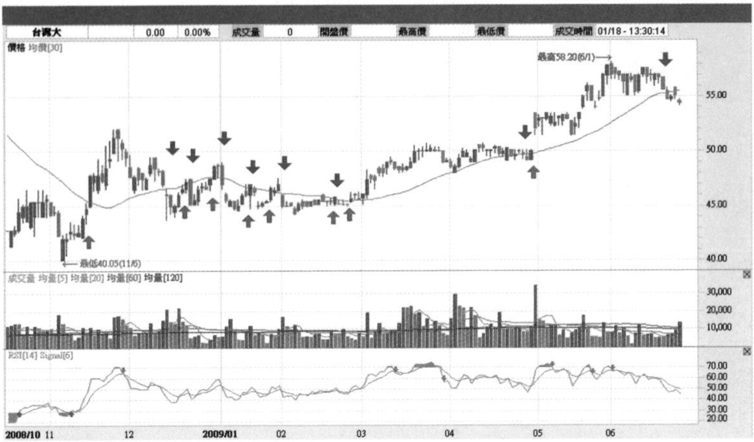

台灣大三十日均線的操作情形，雖然抓到了上升趨勢做多，但也伴隨著密集的買進賣出情形，導致獲利受到嚴重侵蝕。

來巴去期間的痛苦。即使勉強撐過這段期間，整個操作下來，恐怕獲利也已經打了一個很大的折扣。更可怕的是，如果採融資操作，在上沖下洗這段期間，本金恐怕也有相當折損。

為了避免這種情況發生，我們的第一個想法是：如果用不同天數的均線去操作，或是配合其他技術分析方法，也許可以減少被「巴來巴去」的次數和期間。這當然是很好的想法，我們總是可以在事後找出最好的技術指標來操作。

但實際上，不管我們多努力研究，只要是採順勢操作，當市場處於盤整期間，就是會碰到被巴來巴去的問題。這個問題，本質上永遠存在，即使我們盡量去找「最好」的順勢操作法，充其量也只是用較不敏感的操作，來減少被巴來巴去的次數，無法徹底解決這個問題。而且，使用較不敏感的指標，意味著當趨勢抓到時，卻因較晚進場而獲利區間縮減。天下沒有白吃的午餐。

那麼，海龜法則如何看待這個問題呢？他們把這看成是順勢操作的必要成本。如果能夠適度地把這個成本控制在一定程度之內，那麼在趨勢明顯成形時所賺的利潤，就足以彌補成本，而成為一個成功的操作策略。

一套年報酬率為三〇％的操作系統，並不是每筆交易都穩定獲利、日積月累到一年賺三〇％。相反的，是不斷地進場、停損出場、進場、停損出場，直到抓到一波狠狠賺一票為止。這些在賺到錢之前的損失，常常可以達到四〇％，甚至五〇％以上。而且，連續虧損的期間也可能非常長，連虧半年的例子屢見不鮮。如果沒有做好風險控管和心理建設，一般投資人早就不堪虧損而放棄了，於是也失去了重要的獲利機會。

因此，你必須把每筆交易的損失控制在一個範圍內，做馬拉松式的操作。譬如說，如果一套交易系統的停損額度大約是進場部位的二〇％，那麼，如果你進場部位只占操作總部位的一〇％，則一次的停損，你只損失總部位的二％。也就是說，你可以承受連續五十次的停損。

這樣一來，你已經在現金流量上保護自己，幾乎不會在抓到趨勢大賺一票之前就賠個精光。接下來，就剩下兩個問題：毅力，以及如何在抓到趨勢時賺個滿檔。

不要隨便放棄，你很可能因此而錯失大行情

許多投資人在連續虧損期間會失去信心，認為自己所採用的操作系統失靈了。有的人會就此放棄，承認失敗。有的人更有意思，他們會在對系統失去信心之後，而在系統所產生的買進賣出訊號上，加入自己的判斷，以為這樣可以提高「勝率」。

這，才是真正的致命傷。

關於這個問題，許多書籍都有探討，似乎是個普遍問題。有的從紀律著手，有的從心理建設著手，希望能協助投資人解決這個問題。

通常投資人連虧幾次之後，就會產生心理上的微妙變化，飽受煎熬。再大的雄心壯志，再大的恆心毅力，都要面臨全面瓦解的危機。帳面上的虧損，只是壓力之一，還有更多的壓力——失敗感、恐懼，和社會壓力。「這個人做了半年，沒一筆交易賺錢。」「你是我的反

指標，請你下次在買進賣出時告訴我一聲，我會給你分紅吃。」

據說，中國古時候有一種水刑，可以輕鬆地讓嫌犯認罪。方法很簡單，就是在犯人的頭上綁一袋水，讓水一滴一滴的滴到犯人眉心。一兩天之後，犯人就會精神崩潰。

順勢操作在趨勢不明時的連續虧損，就好比那一滴一滴滴在眉心的水，讓大多數的投資人心理崩潰。有人說，如果不要一分一秒都緊盯著盤面，就可以大幅減少這種壓力。但技術分析操作，就是要盯盤。就算你不一分一秒地看，也不能一整個星期、甚至一整個月都不看盤！而這段虧損期間很可能長達半年，甚至更久。

於是，大多數的人就不再堅持操作紀律了，想說，這陣子是盤整期，順勢操作法失靈，系統所產生的買進賣出訊號「八成」有誤，不用當真。於是便放棄系統，或是加上自己的判斷。當然，這樣做的下場，就是錯失一年只有一次或是兩三次的大趨勢。那麼，我們能不能等趨勢出現時再追，這不就行了？

這是一個好問題。我的回答是：當順勢系統出現買進訊號時，不就是趨勢出現的訊號嗎？

為什麼你只賺五元就跑，眼巴巴看著股價繼續飆？

順勢操作的另一個問題是，當我們好不容易抓到一波時，該怎麼辦？這個問題比較甜美，因為已經進入獲利階段，但本質上，和上面那個苦不堪言的問題是如出一轍的。一方面，沒人有十足把握在最高點賣出；另一方面，早賣晚賣的差異往往非常大，損益狀況在這個階段有戲劇性的變化。賣得太早，平白喪失大好機會；賣得太晚，則是紙上富貴，空歡喜一場。

費斯認為，如何出場停利，是海龜法則最困難的部分。他發現，其他的海龜成員就是沒辦法謹守海龜的出場法則，而造成績效大幅落後，獲利不到費斯的三分之一！

此外，海龜法則為了在抓到一波時賺到最大利潤，還會在趨勢往有利方向發展的初期加碼，有時會加到原先部位的四倍。

我們用一個例子來做說明。海龜法則的買進訊號，是「二十日股價突破法」，在此，為了方便，下圖4.9以鴻海為例，用簡單的三十日均線做說明，效果一樣，卻可以在圖上看得更清楚。

圖 4.9　你敢不敢加碼？（鴻海的三十日均線圖）

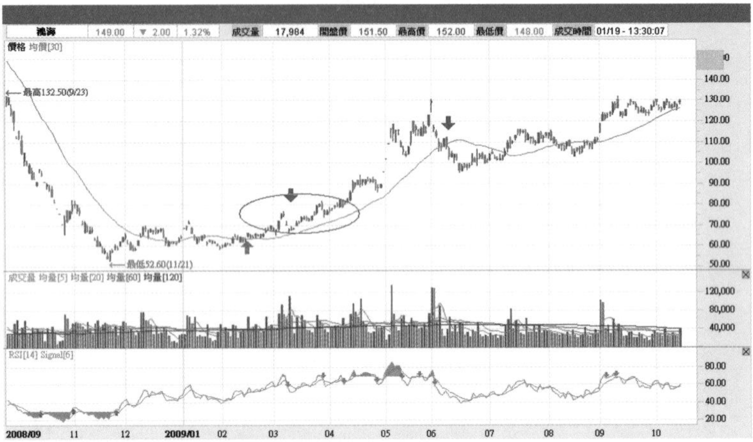

這裡以鴻海為例子，來說明順勢操作。2009 年 2 月中紅色箭頭處，以 65 元左右買進，一般投資人會在 3 月中的劇烈波動中停利出場，出場價位約為 70 元。但倘若根據海龜法則，則是在 70 到 80 元之間再加碼，於 6 月初跌破均線時出場，價位約為 105 元。

如圖4.9，用海龜法則順勢操作鴻海股票，於二〇〇九年二月中以六十五元買進一個基本部位。同時停損點設為五十五元，停損幅度為十元。鴻海股價在此買點之後，即呈上升趨勢。

按照海龜方法，會在上漲半個停損幅度時加碼，也就是分別在七十元、七十五元及八十元處加碼，使部位成為原來的四倍左右。當鴻海股價於六月初跌破均線時全部出場，價位約為一〇五元。每股獲利為一三〇元（105×4-65-70-75-80=130）。

請注意，在實際操作時，一般投資人往往無法順勢加碼，更無法抱牢持股；相反的，常常會在上升趨勢的回檔中，選擇停利出場。在這個例子裡，三月中旬就出現了這麼一個戲劇性波動，雖然股價走勢還沒有跌破均線並發出賣出訊號，但投資人往往會在此處急於停利保住戰果，而於七十元賣出，僅僅獲利五元。

這種急於保住戰果的心理障礙，和前面所說的持續虧損的心理煎熬，正是順勢投資的兩大難關。

順著這個例子，我們把整個操作重點再約略說明一下。假設我們有六十五萬元，拿出一〇％，也就是六．五萬買一張六十五元的鴻海，停損點設為五十五元。如果不幸鴻海下跌到五十五元，則我們每股損失十元，等於這筆投資賠了一萬元。這一萬元只占我們原有部位六十五萬元的一．五％，這樣的虧損幅度，足讓我們可以輕鬆應付。

若接下來很幸運地，出現一大波，我們沿路加碼，然後在一〇五元賣出，總共賺了十三萬元，也就是原先部位的二〇％，不到半年——不計算交易成本——就能讓我們賺到二〇％。

找那種賠五次，可以讓你賺一次的股票

有了順勢操作的概念和感覺之後，我們就要再做進一步的盤算。也許你會考慮把交易成本加進來精算，這當然也很重要，但我們還要考慮另一個更實際的問題。

我們在前面鴻海的例子中看到，我們用一萬元的損失，去搏取十三萬元的獲利機會，這當中有沒有什麼因素，需要進一步探討的？

看起來，1：13的賠率似乎不錯。在不考慮交易成本下，我們可以連虧十三次，然後賺一次，就能損益兩平。如果我們用這個順勢操作法，去分析某檔股票過去的走勢，發現平均賠五次賺一次，那就很值得去做了。但如果平均賠二十次才賺一次，那鐵定要虧損累累。

因此，我們要找的，就是那種賠五次就可賺一次的股票。這種股票的走勢有什麼特性呢？

還有，在鴻海的例子中，很幸運地，鴻海沒有在二〇〇九年三月跌破三十日均線，而讓整個操作可以讓我們長抱到六月，產生大幅獲利。但假如，鴻海從二月到六月仍然是上升到一百多元，可是中間出現了許多的巨幅波動，而發出停利賣出的訊號，那麼，我們的獲利可能就不再是停損金額的十三倍了，可能是五倍，或更少。這樣的股價走勢，又有什麼特性呢？

讓我再用前面看著後照鏡開車的例子，來打個比方：我們還是看著後照鏡開車，但我們可以從後照鏡中選擇我們要走什麼樣的道路。例如，要選擇從後照鏡看起來是崎嶇蜿蜒的小路，還是一條筆直寬闊的大路？

這就是技術分析順勢操作的選股問題。

掌握四種股性，讓自己更安穩投資

從技術分析的操作來看，我們依據是否具趨勢性，以及趨勢中是否有波動，將股票分為四種股性：趨勢動態、趨勢靜態、平勢動態，以及平勢靜態。

從圖4.10，我們可以看到各種不同股性的示意圖。右半邊是具有趨勢性的股價走勢圖，左半邊則不具趨勢性。上半部的圖是趨勢內有大幅波動的情形，下半部則是趨勢內無大幅波動的圖。

既然是順勢操作，當然要選擇具有趨勢性的股票。但同樣是具有趨勢性，如果趨勢內有強烈的波動存在，那麼順勢操作很容易就會發出出場訊號，而沒辦法賺到整個一大波段。因

圖 4.10　股票的四種「股性」

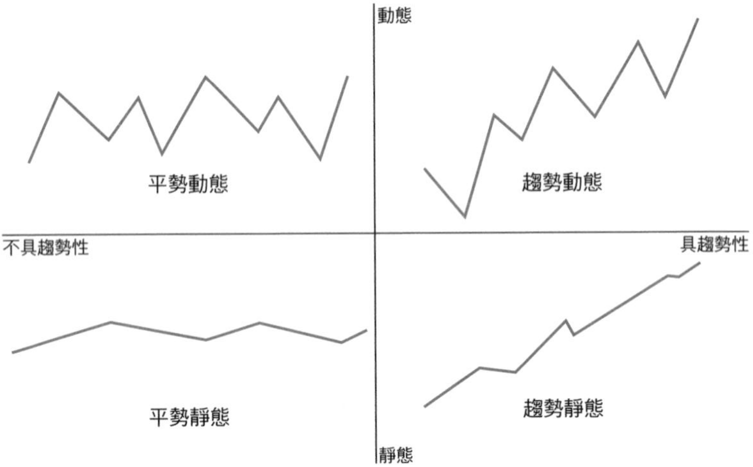

此，要順勢操作，就要選「趨勢靜態」的股票來操作。

左下角那個不具趨勢性，也不具波動性的股票，技術分析無用武之地。而左上角那種股票——平勢動態類，則是使用逆勢操作法的理想標的。

我們接下來會介紹逆勢操作法，但在介紹之前，必須提醒大家一件事：從後照鏡所看到的股性，未必就等於未來的股性。而且，這些股性的分類，用不同的時間單位、不同的時間點去看，往往會出現不同的股性。我們只能把這個概念當成一個參考。

現在，我們就來看看這個概念的實際運用情形。

圖 4.11　小心！路況有變！（新纖日線圖）

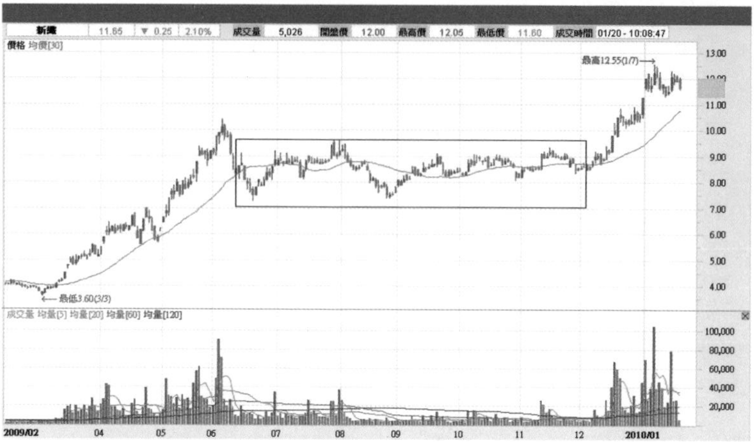

這是一檔股票在不同期間具有不同股性的典型案例。

如圖4.11，在新纖股價二〇〇九年二月到二〇一〇年一月的圖形中，我們可以看到，三十日均線從四元攀升到將近十一元，明顯具有上升趨勢。股價圖形顯示，在二〇〇九年六月之前，新纖的股性相當類似「趨勢靜態」。不過六月之後一直到十一月底，則變成「平勢動態」；十二月之後又變回「趨勢靜態」。

如果我們在二〇〇九年六月，根據前半年的股性，選這檔股票做順勢操作，馬上就遇到將近半年之久的「巴來巴去」期間，而虧損累累。

但這時候如果我們失去信心，認為該股的股性已經改變，不適合順勢操作而放棄退

圖 4.12　別忘了逃命！（台壽保的箱形整理圖）

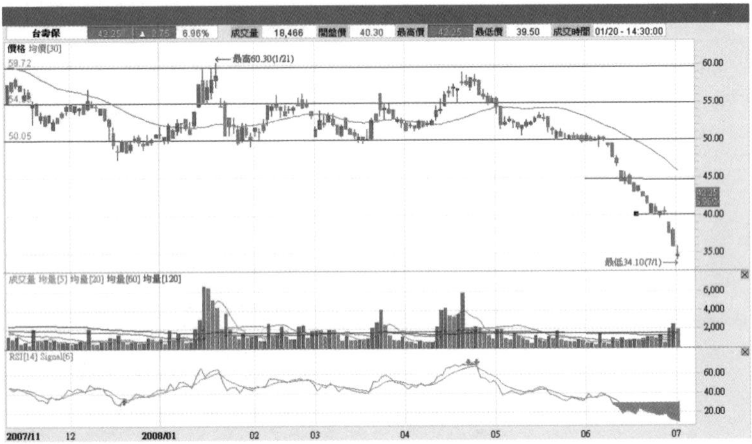

很明顯地，每隔 5 元就成為一個區間。在 50 元到 55 元之間來回操作即可獲利。請注意最後跌破 50 元後的急速下挫，後來一路跌到 2009 年 3 月的 12 元左右才止住。而在這波下跌當中，RSI 指標顯示嚴重賣超（圖中藍色部分）。

場，令人扼腕的事又發生了：該股從十二月開始，又具備明顯趨勢往上攀升，股價從八．五元漲到十二元左右，股性又回復到趨勢靜態類。

看著後照鏡開車，就是要有這種心理準備，路況隨時會無預警改變。

既然順勢操作違逆人性，不易執行，那麼換個方向，採逆勢操作如何？

逆勢操作法通常是短線操作，當股價在阻力支撐區時，或是技術指標顯示超買超賣時，採取反市場方向的操作——市場出現買超時賣出，出現賣超時買進。

除了極少數趨勢非常明顯的股票之

外，大多數的股票在短線上或多或少都會出現盤整形勢，而這正是逆勢法獲利的良機。即使整理型態不是那麼完整，還是可以運用技術指標，進行逆勢操作獲利。許多股市老手就偏好逆勢操作，除了可以經常獲利之外，「逆勢賺錢」總是讓人有一種莫名的成就感。

逆勢操作法：吸飽血之後，千萬要記得逃！

但世上真有這種輕鬆賺錢法則嗎？如果那麼容易，海龜法則創始人丹尼斯為什麼要煞費苦心，採用困難重重的順勢操作呢？逆勢操作法的風險為何？在探討逆勢法的風險之前，讓我們先了解一下典型的逆勢操作。

如圖4.12所示，台壽保在二〇〇七年十二月到二〇〇八年六月間呈箱形整理，而且每隔五元就形成一個「股票箱」。逆勢操作法只要在五十元買進，五十五元賣出，來回操作，這半年來都是賺錢的。

即使中間有兩波短暫跳升到55至60元的股票箱，在操作上問題也不大。我們可以在突破55元之後把空單停損出場，等價格又回到50至55元的區間時，再回復箱形操作。

這段期間，逆勢操作法真是左右逢源，好像股市提款機一樣。你可以想像一下，在這段期間，正是順勢操作者被「巴來巴去」的時候！

但是台壽保在二〇〇八年六月九日跌破五十元關卡之後，接下來三個交易日就立刻跌到四十五元的關卡，逆勢操作者若在四十九元沒有立即停損而稍有猶豫，就會陷入困境。最糟糕的做法，就是把四十五元和四十元兩個心理關卡，當成新的支撐，又加碼買進。最後這波，一路跌到二〇〇九年三月的十二元左右。

我們舉這個例子，並不是要說明逆勢操作法最後都會賠錢。而是說，逆勢操作法必須嚴格執行停損。但從這個例子我們可以看到，真正一波趨勢來時，是又凶又狠，讓執行停損非常困難，甚至還會引發想要攤平的心理。

當你一旦有攤平的欲念時，你就會去找各種理由。這時，巧得很，RSI等技術指標會顯示市場嚴重賣超，適合做多。這又是一個陷阱。

打個比方來說，逆勢操作法就好像蚊子在吸血，只要隨時保持警覺，不要貪，吸一口立即飛走，可以長保平安。但如果吸血吸久了，失去戒心，以為反正已經賺了不少，不必那麼緊張，就會像吸飽血的蚊子一樣，行動遲緩，一不小心，啪！粉身碎骨。

破除五大誤解，正確使用技術分析

太多人把技術分析神化了，同時也把技術分析大師神化了。這些人把技術分析奉為至高無上的寶典，如果操作失利，總是怪自己學藝不精，而不是技術分析的錯。總之，技術分析萬能。

另一方面，學術界簡直是拿技術分析當消費品，沒事就拿出來研究一下。學財經的研究生不用怕找不到論文題目，因為拿技術分析做文章一定沒問題。許多論文就是去跑實證，證明某種技術分析操作法在考慮交易成本下，無法賺到超額利潤。

這當中有太多誤解了。把這些誤解破除，能幫助你在投資上更上層樓。

誤解一：我們可以用技術分析，來預測未來股價。

正解：技術分析只是根據過去經驗，去賭未來的走勢罷了。

根據過去的股價來預測未來，不用想也知道，一定有問題。有些人是因為工作關係，必須天天預測走勢，他們用技術分析做工具，我認為無可厚非，反正是供客戶參考，只是行銷服務的一環。

但是，如果你把這些技術分析所做出來的預測奉為神諭，傾全力下注，那未免愚不可及。充其量，技術分析只是根據過去經驗，去賭未來的走勢罷了。

誤解二：我們可以用技術分析，來精準掌握買賣點。

正解：真是夠了。如果買賣點精準，那還用停損嗎？

這句話其實是個廣告詞，可是許多人竟然深信不疑，以為真有高人可以買在最低點，賣在最高點。那些故弄玄虛的技術分析大師真是夠了，如果他們真的能夠精準掌握買賣點，出手有如秋風掃落葉，那還用打廣告收會員嗎？

技術分析的買賣點，還得要配合停損點。如果買賣點精準，那還用停損嗎？如果一定要說技術分析有什麼是精準的話，那就是停損點，而不是買賣點。

誤解三：技術分析是股市提款機。

正解：沒有這種好事，你得把風險控制好。

許多新手以為，弄一套專業的技術分析軟體，用歷史資料做最佳化配置，然後像打電玩一樣，錢就滾滾而來。

沒有這種好事，你要像拉斯維加斯的精明賭徒一樣，把風險控制好，有全面性的風險意識和規畫。這部分請參考海龜法則。

誤解四：用技術分析，你可以完全排除個人心理因素。

正解：你以為自己真能在買賣之間，心情靜如止水嗎？

這又是另一個初學者常見的誤解。有些用功的初學者，甚至會先在紙上操作演練一番，等「有經驗」後再上陣，以為實際操作也不過如此。

其實差遠了。光是從買賣點出現，到實際下單成交就充滿了變數。你以為你下什麼價位，就會成交在什麼價位嗎？你以為從電腦發出買賣指令，到實際下單成交，你心裡完全靜如止水嗎？

再來是順勢操作的連續虧損問題。有多少人能耐得住連虧半年？虧個幾次之後，大多數人的操作就會荒腔走板了。

誤解五：技術分析高手，就像羽扇綸巾的諸葛亮。

正解：錯，比較像拳擊選手。

大家還有個誤解，以為技術分析高手就好比是諸葛亮一般的羽扇綸巾人物。不，我覺得應該比較像是美國的拳擊選手，靠著技巧、體力和耐力，經過無止境的出拳、閃躲和挨打之後，突然獲勝。或者被擊倒。

看到這裡，你覺得自己適合用技術分析嗎？

| 第5講 |

跟股市高手們過招！

如何讓獲利多一點、風險少一點

也許你會說，不懂什麼投資理論又怎樣？許多人還不是照樣投資得有聲有色！

但如果你仔細觀察，就會發現事實正好相反：有聲有色的投資人，實在太少了。不只是大多數散戶的投資績效不怎麼樣，連專業的基金經理人，也很難有長期的出色表現。

這一章，就是要說明這個道理。讓我們知道，當股市裡的每個人都很努力地研究、很理智地操作時，個人的投資績效就很難有突出表現——除非你冒比較大的風險。

這裡所要談的觀念非常重要。我認為，所有認真的投資人都必須了解，至少要知道有這麼一回事。可惜，接下來我要談的這件事，往往被一般投資人認為太艱深而視為畏途，完全不加以理會。

投資績效不理想，是市場裡的常態，可是很多人卻不了解這點，尤其是新手。很多投資人一開始滿懷希望與自信，但做個幾年下來，卻發現自己的獲利乏善可陳，甚至虧損累累，然後就心灰意冷，或是放棄繼續走這條路。

這還算是幸運的呢。有的人誤以為賺錢是常態，只要找對基金，或是找對股市老師，就可以賺大錢。於是在高度信心之下，做了高度槓桿的投資，最後傾家蕩產，痛不欲生。

所以，請大家花點時間讀一讀這一章，了解一下「效率市場」的概念，思考一下為什麼在效率市場之下，績效平庸是常態，沒什麼大不了。

隨機漫步，意思就是射飛鏢就行啦！

前幾章所介紹的投資理論，不論基本分析或技術分析，都是教大家如何投資，才會賺大錢。但接下來要介紹的現代投資理論，建立在「隨機漫步」的概念上，這個理論告訴我們：別費心了，不可能有長期「賺大錢」的投資方法！就算有，那也是僥倖。

這套理論，是由學術界的菁英——多數都得過諾貝爾獎——所提出的。他們的立論嚴謹犀利，還有豐富的實證資料，讓投資界受到極大的影響。

這個理論剛提出時，實務界大都不是嗤之以鼻，就是毫不理會。加上學術理論界慣常使用艱深的數學及術語，對一般人來說，根本不知所云。

而當我們了解並接受隨機漫步理論之後，總會覺得，投資理論的發展，到這裡好像是走到盡頭了，反正在隨機漫步的市場之下，找不到打敗市場的方法。他們的理論證明，市場本身就是所有投資高手的頭號勁敵，傳統的投資方法很難長期打敗市場。

隨機漫步理論
Random Walk Theory

這個理論認為股價變動就好像醉漢走路一樣，忽前忽後，忽左忽右，讓人無法捉摸，因此，在每一個時點，上漲和下跌的力道是相當的，無法準確預測，更無法靠猜測股價動向而有超額報酬。這個理論是現代投資理論的基礎，發展出效率市場假說、投資組合理論、風險與報酬關係等，是現代投資界的主流學術思想。其主要大將都曾獲得諾貝爾獎，擁有極大的光環，同時還募集資金，進行操作，最有名的當屬長期資本管理公司（LTCM）。

但故事並沒有就此結束。

這些隨機漫步理論的菁英，有不少人頂著諾貝爾獎光環，募集資金從事主動型操作，賺取驚人利潤。當然，他們的操作模式，和傳統方式大異其趣。最有名的就是長期資本管理基金（LTCM），以新型態投資，創下驚人的獲利紀錄。雖然LTCM最後垮了，還引發金融風暴，但這種投資新模式，帶來了所謂的避險基金熱，至今仍是投資界的主流之一。

有人把這場隨機漫步理論所掀起的投資革命，比喻成發明原子彈的「曼哈頓計畫」——一群菁英，從象牙塔裡發展出新理論，摧毀了一切，改變全世界。當一般投資人還在勤練基本的拳腳功夫時，人家可是用原子彈呢。

隨機漫步理論最大的罩門，就在於自相矛盾。比方說，這個理論告訴世人，市場是有效率的，因此不會有「超額利潤」。既然如此，為什麼他們還能在金融市場上興風作浪呢？他們的投資行為，是否就是推翻他們本身理論的最好證明？

難道是他們找到了這個理論的缺口？這些缺口是什麼？一般投資人是否也可以利用這些缺口，來提升自己的操作績效？如果我們沒辦法學習這些菁英的神祕操作，那麼，反正傳統基金很難長期打敗市場，我們是不是可以退而求其次，只要賺取合理的市場報酬就好？這樣，我們至少也是打敗傳統基金的高手！

用賭場算牌的方法算股票

有人說，股票投資就像賭博。這句話，並不是很正確。我的意思並不是指股票投資可以促進經濟發展這類的八股，而是說，做股票比賭博還要難。

人類在還沒有股票市場之前，賭博算是最大的鬥智遊戲。有些賭博，腦筋好的人抓到竅門，就可以多贏少輸。據說，數學家就是為了研究賭博，而發展出機率論。只要賭博的規則明確，就可以算出勝負的機率和賺賠的期望值。厲害的人還可以發展出一套賭博策略，吃遍天下。拉斯維加斯的算牌客，就是一例，他們專賭二十一點，靠著一套精心設計的算牌法，可以抓到下一張牌是大是小的約略機率，從而穩定獲利。

股票市場出現後，當然引起數學家、賭徒的興趣，讓他們躍躍欲試。結果，股票市場太難了，實在找不到輕鬆獲勝的方法，但是大家並不知道為什麼。

一九〇〇年三月，法國有一個叫做巴舍利耶（Louis Bachelier）的研究生，以《投機理論》（*Théorie de la Spéculation*）作為博士論文，探討股價行為，而揭開了現代投資理論的序幕。只是，巴舍利耶的觀念太先進了，當時的人大概難以理解，因而被冷落了五十年之久，直到美國經濟學者保羅・薩繆森（Paul A. Samuelson）從圖書館裡把這本論文找出來，並給予應有的肯定。

巴舍利耶用「隨機漫步理論」來解釋股市。有趣的是，他的老師龐加萊（Jules Henri Poincaré）就是頂頂有名的機率數學家兼物理學家，是第一個發現混沌現象的人，我們下一章的主題，就是用混沌來解釋股市。

你是否已經快受不了了？又是隨機，又是混沌的。沒關係，我會用最淺顯的方式說明，避開高深莫測的數學。

在解釋隨機漫步之前，我們要先介紹一個與隨機漫步相對的觀念：均數復歸（mean reversion）。

假設有一個賭局，莊家從五十二張撲克牌中抽出一張，翻開讓你看到點數後放回。接著讓你猜：下一張牌，會比剛剛那張牌大或小？若你猜中了，就贏得賭局。

我們知道，撲克牌是從一到十三（或者說，從A到K），平均數是七。如果莊家第一張抽出的是十三，我們當然會猜下一張的點數比較小。如果第一張是十二，我們照樣可以很有把握地猜小。相反的，如果抽出的第一張牌是一或二，我想絕大多數的人會猜第二張的點數比第一張大。

雖然每一張牌都是隨機抽出，而且我們未必每次都一定賭贏，但只要賭得時間夠久，應該是贏多輸少。方法很簡單：如果第一張點數大於七，就猜第二張比較小；如果第一張小於七，就猜第二張較大。

均數復歸

Mean Reversion

又稱為平均數復歸。

指的是經過一段長時間後，會傾向回復至長期平均水準的現象，最常見於利率——當利率高於長期平均水準時，均數復歸的力量會使利率往下降，而當利率低於長期平均水準時，則會使利率往上走。

你可能會發現，平均數七就好像股票基本分析裡所說的「內在價值」，而莊家所抽的第一張牌，就是目前的市價。如果市價遠低於內在價值——也就是抽出一或二，我們知道應該要買進，因為下一張出現比一或二大的機率很高。如果市價遠高於內在價值——也就是莊家所抽的第一張牌是K或Q，我們就知道應該要賣出。而這樣的操作，在撲克牌模型裡，是會賺錢的。

這種模型的特性就是「均數復歸」，好像有個力道，會把變數拉回均數似的。如果股市具有這個特性，那就太好了，要在股市獲利，不就易如反掌了嗎？

給你賭一萬次，會有幾次上漲、幾次下跌？

不過，巴舍利耶認為，股票市場中沒有「均數復歸」這個特性。他認為，在每一個特定時點上，對市場未來的走向，存在著完全相反的看法。買方相信未來會上漲，而賣方認為未來會下跌，所以才會成交。但平均來看，沒有任何證據顯示，哪一方的看法才是正確的。也就是說，我們無法從股價來研判是看漲的占優勢，還是看跌的占優勢，因為每個成交價格，都存在相同的買賣力道。

用數學來看，就是在每一個瞬間，投機者的輸贏機率各半。這是個公平賽局，投機者的數學期望值等於零。於是，巴舍利耶用另一個賭局來解釋股價行為。

假設你和莊家用擲銅板來決定輸贏，若出現正面，你得到一元；出現反面，你輸一元。而銅板出現正面和反面的機率，都是二分之一。

這個遊戲，玩一局的期望值是零，也就是不賺不賠。因為我們有二分之一的機率賺一元（+1），二分之一的機率賠一元（−1），加起來還是零。而下一局的勝負，並不會受到上一局結果的影響，每一局的期望值都是零。就算我們玩了一千局、一萬局，我們的期望值依然還是零。

但如果我們實際去玩這個遊戲一千局，我們會發現，最後幾乎都不會回到零，而且離零還有相當大的距離。那麼，如果玩一萬局呢？還是不會回到零，而且最後的結果，似乎離零更遠了。

我們可以把這個隨機過程，用 Excel 簡單地做出來，如圖5.1。這個圖顯示，某一次的一千局模擬結果。我們可以看到，會有連贏好幾局的情形，也有連輸好幾局的情形。而且局數

圖 5.1　玩玩看，丟一千次銅板……

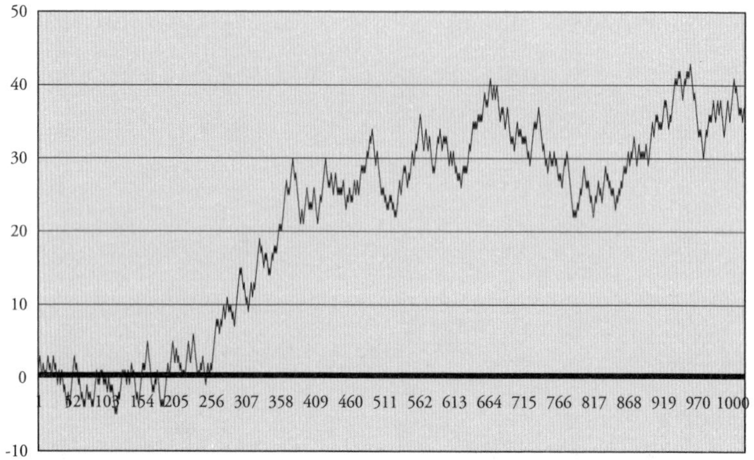

從這次的模擬可以看出，在 1000 局之後是賺 36 元。按 F9 讓 Excel 程式重新跑一次，我們會發現，每次的模擬，幾乎都不會得到零的結果。

多到一個程度之後，就離零越來越遠了。看不出有什麼力量，能讓最後結果回到零。也就是說，這個遊戲不具「均數復歸」的特性。

對數學有興趣的讀者可以自行推導，這個遊戲，玩一局的期望值是零，標準差是一；玩兩局的期望值是零，標準差$\sqrt{2}$；玩三局的期望值是零，標準差$\sqrt{3}$。也就是說，標準差和所玩局數的平方根成正比。這個特性，正是用來檢驗市場是否具隨機漫步的一個重要指標。

射飛鏢吧，天底下從來就沒有完美的市場

巴舍利耶的這個模型，解釋了為什麼我們在股市中很難賺到大錢。但，股市真是「隨機漫步」的嗎？如果是，又是為什麼呢？

學術界針對這點，做了許多的實證研究。雖然研究方法各有不同，結論也不完全一致，甚至還有許多的論戰，但學術界的主流大致上接受了股市具有隨機漫步的性質，而排除長期存在均數復歸的假設。

薩繆森說，如果股市存在均數復歸的特性，則理性的投資人便能操作獲利，而當許多人針對這個均數復歸的特性去操作時，市場的力量就會造成均數復歸消失，於是又回到了隨機漫步。

現為芝加哥大學教授的尤金．法馬（Eugene Fama），在他一九七〇年五月所完成的博士論文裡（Efficient Capital Markets：A Review of Theory and Empirical Work），提出了舉世聞名的效率市場假說（Efficient Market Hypothesis）。這個假說，精準而美麗地闡釋了股市的隨機漫步現象。我們簡單說明如下：

一個理想的市場，具有下列三個特性：

1. 所有的資訊都是公開且免費。
2. 所有的投資人都是理性的投資人。
3. 所有的投資人都密切注意股價，並隨時調整持股，以保持最佳狀況。

滿足這三個條件的市場，其市價便會無時無刻精準反映股票的真實價值。如果股價高於真實價值，投資人就會賣出，使其下跌；如果股價低於真實價值，投資人就會買進，使其上漲。因此，只要股價稍微偏離，就會馬上被市場力量拉回到真實價值上。

這樣一來，不論什麼時候，市場的價格都不會偏高或偏低，因此投資人找不到有利可圖的機會。這就是一個有效率的市場。

在效率市場之下，專業分析師精心挑選出來的投資組合，並不會比投資人隨意射飛鏢所湊出來的組合高明。

我錯了，錯在相信市場不會錯

許多研讀效率市場理論的人讀到這裡，自然而然地就會認為，既然市場有那麼多的法人、大股東、專家在參與，不論什麼時候，應該都很接近效率市場，所以，股票隨便買就行了，績效不會差到哪裡去，搞不好還創出佳績。

關於這點，我覺得投資人還是要謹慎一點的好。因為**這個理論只是說，專家選股不會比射飛鏢高明，並沒有說，射飛鏢比專家選股高明**喔！射飛鏢理論只不過是論戰過程中的一個有趣話題，千萬不要真的以射飛鏢的方式隨便買股票，那不是現代投資組合理論的精神。

這裡有兩個問題：其一，即使是在效率市場的狀況下，單買一檔個股，和買一籃股票的意義是不同的。隨便挑一檔股票買進，很可能會買到高風險的股票；即使你以合理價位買到股票，但只買一檔股票或少數幾檔股票，會讓你承受不必要的風險。我們會在下一節裡，進一步說明投資組合的問題。

其二，假如你隨便買股票，而且想讓自己的績效不輸專家，只有在效率市場的情況下才有可能。而一個有效率的市場，應該不太容易有套利機會才對。因為如果一出現套利機會，理性投資人便會去搶，造成市價變動，而讓套利機會消失。

巴菲特在一九八八年的年報上說，他在葛拉翰的公司工作時，該公司從一九二六年到一九五六年之間，平均每年套利的獲利大約是二〇%。而他自己在一九五六年獨立出來做之後，運用葛拉翰的套利方法，平均每年獲利也在二〇%以上。

所以巴菲特認為，市場並不是無時無刻都處於效率中的。

而我個人也發現，市場大多數時候也許是有效率的，但一些無法放空的小型股，或是籌碼有限的股票，偶爾會出現價格異常的現象。這個偶爾出現的異常，就足以讓投資人損失慘重。

在網路泡沫還沒破之前，我記得，我們公司在討論如何評價這些股價不斷創新高的小公司。這些公司沒有獲利，連營業收入都少得可憐。全世界實在找不到一種評價方法，來支持這些公司股價的合理性。最後我們認為，一定有什麼資訊是我們不知道而市場知道的，所以才會有這麼異常的股價。「市場不會錯，錯的是我們。」

果然，我們錯了。錯在相信市場不會錯。

哈！現代投資組合理論原來這麼簡單

隨機漫步理論提出之後，很有力地否定了各種投資操作觀念——包括技術分析和基本分析，有一度似乎為傳統投資理論畫下了休止符。此後的研究當中，有很多是把巴舍利耶的原始模型做測試或修正。例如，在巴舍利耶的模型中，股價會「隨機漫步」到零以下，這顯然不合常理，薩繆森用股票的報酬率，取代原先模型中的股價，以解決這個問題。有的人則是用大量的市場資料，去驗證股市是否為隨機漫步，以麻省理工學院的保羅．庫特納（Paul Kootner）所編的《股票價格的隨機特性》（*The Random Character of Stock Prices*）為代表。

但隨機漫步理論非但不是投資界的休止符，還開啟了重大的投資革命。其中最重要的發展之一，就是「現代投資組合理論」。接下來，我們來談談現代投資組合理論，以及「被動投資」的觀念。

幾位提出現代投資組合理論的學者——包括美國經濟學家哈利．馬可維茲（Harry Markowitz）、威廉．夏普（William Sharpe）及默頓．米勒（Merton Miller）——都得了諾貝爾獎。當年，建構一個有效率的投資組合可是個大工程，要動用電腦算好久。然而，在今天，由於投資理論的發展、電腦計算能力的提升，加上金融商品的進步，一般的投資人想要擁有一套有效率的投資組合並不困難。

投資個股和投資一籃子股票有什麼不同？什麼是有效率的投資組合？如何建構？一般投資人要如何做？

經濟學者講起理論，免不了充斥著數學演算，現代投資組合理論當然不例外，讓一般投資人看了就怕。幸好，我們的目的只是要介紹這套理論的基本觀念，透過簡單的圖表和說明，就可讓讀者有直觀上的了解。所以，不要害怕，請繼續看下去。讀到最後，你會發現，原來這麼簡單！

首先，我們來思考一下，一檔股票的報酬和風險。

我們買股票，當然是因為預期股票會為我們帶來報酬，否則何必花錢去買。只是，股票的報酬和銀行定存不一樣，不是我們預期有多少，放了一年之後，就一定會有多少。有時報酬會比預期多，有時卻比預期少，這就是風險。也就是說，每一檔股票都有其預期報酬和風險。

有的股票很穩定，沒什麼風險，但這種股票的報酬率通常也不高，譬如說，水泥股中的台泥。

圖 5.2　台泥與宏普兩檔股票的風險報酬圖

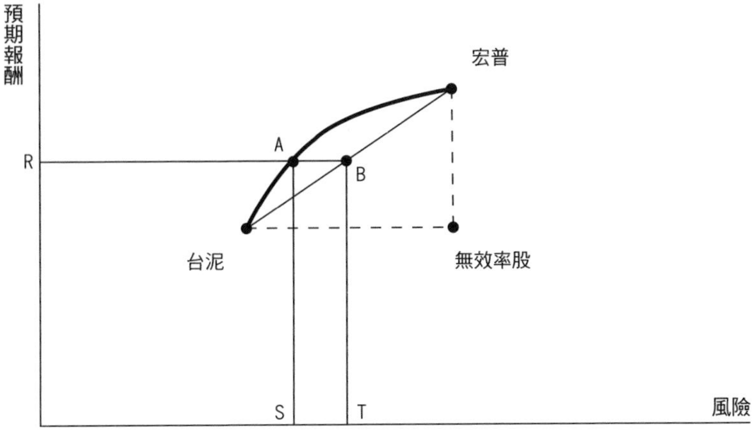

橫軸表示風險，縱軸為預期報酬。宏普的風險和預期報酬率都高於台泥。圖中「無效率股」的預期報酬率和台泥一樣，風險卻和宏普一樣，投資人不會碰這樣的股票。另外，兩者一起持有的投資組合，效率會提高。而圖上那條較粗的曲線就叫「效率前緣」。

相對地，有些股票波動很大，潛在的獲利機會也很大，譬如說，建設類股的宏普。

基本上，市場裡的股票會呈現出高報酬高風險、低報酬低風險的現象。想要有較高的預期報酬，就必須忍受較高的風險。也就是說，高報酬是用高風險去換來的。

如圖5.2，橫軸表示風險，縱軸為預期報酬。宏普的位置在台泥的右上方，表示其風險和預期報酬都高於台泥。圖上「無效率股」的預期報酬和台泥一樣，但風險卻和宏普一樣，投資人顯然不會選這種股票。

如果我們做一個投資組合如下：二分之一持有台泥，二分之一持有宏普，則這個投資組合的預期報酬就是這兩檔股票報酬率之和除以二，也就是圖上R的位置。

但這樣的投資組合，其風險並不是兩檔股票的風險加起來除以二（圖上T之處），而是更低（圖上S之處）才對。因為有些風險會被抵銷掉。譬如說，當水泥等建材大漲時，對營建股不利，但水泥股卻可能受惠，而產生抵銷作用。

在圖上，用A點表示風險降得比單純各取二分之一的B點還低。而通過A點的那條曲線，就代表台泥和宏普各種可能組合的風險報酬情形。此外，風險報酬位置落在這條曲線右下方的股票，都是無效率的組合或股票。這條曲線有個名稱，叫效率前緣（Efficient Frontier）。

好神奇！風險就這樣降低了！

當我們用兩檔股票混成一個投資組合時，會很神奇地產生降低風險的效果。

打個比方來說，半杯五十度C的酒，倒上半杯三十度C的水，照理說應該會變成一杯四十度C的「水酒」才對，結果卻變成了一杯三十五度C的「水酒」，多降了五度C。這，就是投資組合降低風險的效果。

想像一下，如果我們把股票一檔一檔地加進投資組合裡，風險便會逐漸下降，直到降到某一個程度之後，就再也降不下來了。而剩下來那些無法透過分散投資組合來降低的風險，就叫做「系統風險」，如圖5.3所示。

系統風險一般是指足以影響整個市場的因素，如戰爭、天災、政權更迭、能源危機、景氣循環及貨幣政策變動等等。如果發生戰爭，你的投資組合再怎麼分散都沒用。

如果我們把整個市場的股票，一檔一檔地納入投資組合；如果我們可以用圖5.2

圖 5.3　投資風險與股票檔數的關係圖

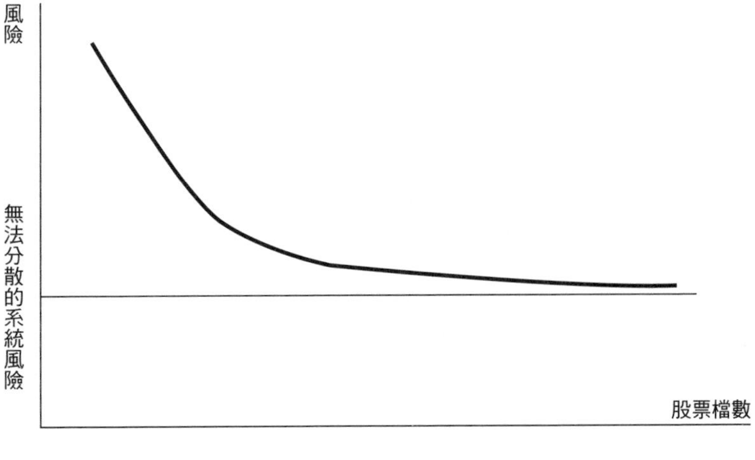

投資組合的風險隨著股票檔數的增加而下降，直到一個水準之後就再也降不下來了，那個風險水準就是無法分散的系統風險。

圖 5.4　市場的效率前緣示意圖

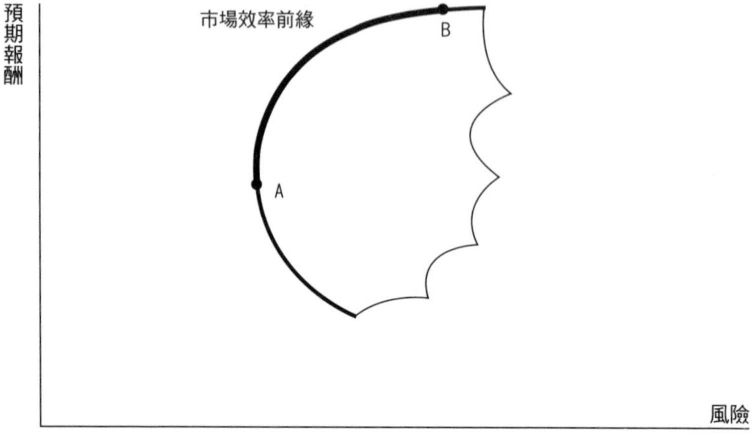

圖上的粗曲線表示市場的效率前緣。這個曲線上的每一個點，都是有效率的投資組合。保守人士會選擇 A 點，而冒險人士會選擇 B 點的組合。一般人的選擇會落在 A 和 B 之間。

的方法，找出整個市場的效率前緣，而把無效率股去除，就可以建立一個有效率的投資組合——或者說，無數個有效率的投資組合。因為在效率前緣上的每一個點，都代表一個有效率的投資組合，各有不同的風險和報酬匹配。如圖5.4所示。

比較害怕風險的人——如退休人士，可能會在效率前緣上選擇風險最低的一點，但這個點的報酬率也最低。而不怕風險，希望報酬越高越好的人——如年輕醫師，可能會在效率前緣上選擇報酬率最高的那一點，但這點的風險最大。一般人的選擇，就介於這二者之間，每個人的風險偏好都不相同。

諾貝爾獎得主給你的明牌：買指數就對了！

問題來了：光是計算一個位於效率前緣上的投資組合，就已經非常複雜了，現在每遇到一個人，就得根據這個人的風險偏好再計算一次，實務上幾乎是行不通的。

於是就有學者想到，如果把國庫券這種無風險證券也納入投資組合中，則上面那個問題就可迎刃而解了。只要用一個固定的市場組合，再把國庫券搭配進來，就是有效率的投資組

效率前緣
Efficient Frontier

效率前緣理論是由諾貝爾經濟學獎得主哈利．馬可維茲（Harry Markowitz）所提出，主要意義為：「在總風險相同時，相對可獲得最高之預期報酬率」，或「預期報酬相同時，相對上總風險最低」的投資組合。

圖 5.5

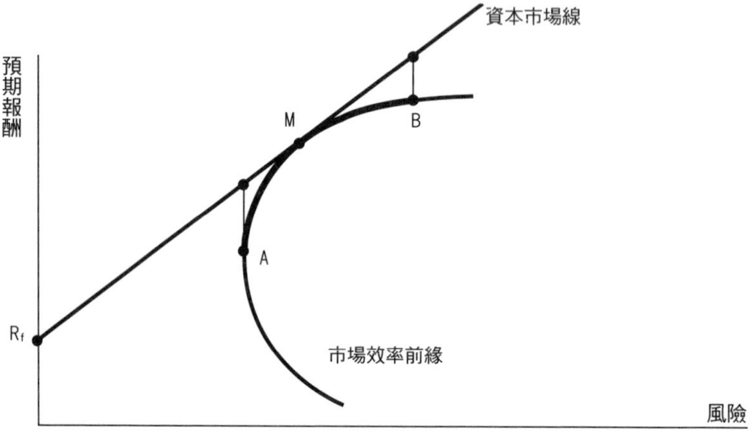

如果在投資組合裡引進無風險證券（例如國庫券），就可從無風險證券報酬率 R_f 畫出一條與效率前緣相切於 M 點的資本市場線。這條線上的每一點，都是有效率的投資組合，更妙的是，只要用 M 點的投資組合，加上國庫券做比例成數上的調整，就可適用於不同風險偏好的人。而 M 點，通常就是市場的指數。

合。對不同風險偏好的人，我們只要調整國庫券占其資產的比重就行了，不用為每個人重新計算一次最適投資組合。

圖5.5上的 R_f，表示無風險證券的利率，從 R_f 畫一條和效率前緣相切於M的直線，這條線就叫資本市場線（Capital Market Line），是加入無風險證券之後，新的效率前緣。這條線，不僅效率比原來的效率前緣還要好，更妙的是，線上的每個點，都是用無風險證券和M這個固定組合做搭配而組成的。一旦算出M這個組合之後，對不同風險偏好的人，我們只要

調整無風險證券所占的比重就行了。換句話說，喜歡低風險的人，就多買一些國庫券，少買M這個組合；反之，喜歡高風險的人，就多買M這個組合，少買一些國庫券。

那麼，M又是怎樣的組合呢？我們知道，整個市場的效率前緣只有一條，無風險證券的利率也只有一個，因此，資本市場線也必然只有一條；也就是說，每個人的M都是同一點。那麼，什麼樣的股票組合是全市場人人都關心的唯一組合呢？

你猜對了，在實務上，M就是股價指數。厲害吧！現在我們連算都不用算了。

提出投資組合理論的是經濟學家馬可維茲，他和他的學生威廉·夏普於一九九〇年共同獲得諾貝爾經濟學獎。夏普在一九六一年時曾經說，即使是用IBM最好的電腦，也要花三十三分鐘才能解出含有一百檔證券的投資組合問題。

現在，引進了無風險利率導出資本市場線之後，我們只要用標準普爾五百（S&P 500）指數基金當投資組合就行了。不同風險偏好的人，可透過持有不同成數的國庫券來調整風險。至於那些風險偏好高於市場的人怎麼辦？他可以借款買更多的指數基金。

想出這個無風險利率點子的學者是美國經濟學家詹姆斯·托賓（James Tobin），他在一九五八年一篇名為「流動性偏好做為處理風險之行為」（Liquidity Preference as Behavior Toward Risk）的文章中提出這個絕頂聰明的想法。他也是諾貝爾獎得主，但得獎原因並不是這個投資行為理論，而是他在總體經濟領域上的貢獻。投資行為理論只是托賓在研究總體經濟理論時的附帶成果，卻是神來之筆，達到了畫龍點睛的效果。

總之，根據現代投資組合理論，買指數就對了。這是來自諾貝爾獎得主的明牌。

指數基金，一個全新的紀元誕生

投資指數這個概念剛提出時，實務界是嗤之以鼻的。畢竟，如果買指數就能有不錯的績效，那麼，投資經理人的價值何在？一般民眾也無法馬上接受這個觀念，總覺得投資不可能那麼簡單。

全世界第一檔指數基金應該是富國銀行（Wells Fargo）在一九七一年所發行的，但當時的設計有點問題。這檔基金針對紐約證交所的一千五百檔股票做等金額的分散投資，結果，必須時時調節持股才能避免誤差不斷擴大。而不時的調整，就造成基金操作成本上的龐大負擔。後來富國銀行又在一九七三年發行另一檔以 S&P 500 為標的的指數基金，只是，這檔基金只開放給法人認購。

富國銀行雖然找對了商品，卻打不開通路，錯失良機。當時富國銀行的合作顧問就是解出選擇權定價公式、鼎鼎大名的費雪．布萊克（Fischer Black）和麥倫．休斯（Myron Scholes）。這個團隊，後來也有相當精采的發展，開創了新品種的主動式投資，並經歷了一些人事更迭，改組為巴克萊全球投資（Barclays Global Investors, BGI）。二〇〇九年才被貝萊德集團（Blackrock）所購併。

指數型基金

Index Fund

根據現代投資理論，市場本身就是一個有效率的投資組合，要打敗市場並不容易。因此，如果把我們的投資組合做成和股價指數非常接近，甚至完全一致，就可以得到和市場一樣的水準，而勝過半數以上的基金。這種投資組合，因為模擬指數，採機械式操作，所以操作成本低廉，且有不錯的表現，因此近年來大為風行。又由於採機械式調整，所以叫「被動型」基金，相對於傳統基金聘請研究人員和基金經理人的「主動式」管理。

把握住這個機會的，就是約翰·伯格（John Bogle）。他在一九七五年設立先鋒基金，以 S&P 500 為標的做指數化投資，是全球第一檔為小額投資人發行的指數型基金。這檔指數基金至今仍存在，截至二〇〇九年底的規模為九百三十三億美元，為全世界最大的股票型基金之一。

這檔基金完全以法馬、薩繆森等學者的理念為宗旨，強調被動式管理和低費率，讓投資人以最低的成本買到最有效率的投資組合。這檔基金不僅印證了現代投資理論的實用性，也把投資帶進一個新紀元。

台灣的基金業者在ETF（指數股票型基金）之前，也曾經發行過三檔指數基金：中華一〇〇、中信和豐及中信台灣股價指數基金。這三檔基金都是在一九九五年左右成立的，不幸的是，也都在二〇〇一年到二〇〇二年之間清算結束。

造成這三檔指數基金失敗的原因，除了推出時投資人尚不能普遍接受外，最主要的原因可能是當時我國基金法規的限制不利於指數基金的運作。當時的規定是基金必須持有五％的現金準備，以及個股投資上限為一〇％。這兩大限制造成指數基金的追蹤誤差，也就是說，基金淨值和指數越差越離譜。中華一〇〇曾經落後台灣一〇〇指數達三四％，中信和豐則達三一％，令投資人大失所望。

這個遺憾，一直到二〇〇三年六月第一檔ＥＴＦ「寶來台灣卓越五十基金」掛牌上市之後才算解除。為了ＥＴＦ的發行，除了徹底修改相關法規之外，交易所還和富時指數公司（ＦＴＳＥ）合作編製「台灣五十指數」，讓指數投資真正上路。接著這檔ＥＴＦ的規模就不斷成長，從成立時的四十億成長到二〇〇九年底的五百三十七億。而且其他各檔ＥＴＦ，也如雨後春筍般一一掛牌上市。

一般說來，台灣卓越五十ＥＴＦ的追蹤誤差很小，操作成本也很低。投資人終於可以很方便地進行指數化投資了。

超簡單：買規模最大的ＥＴＦ就對了！

今天，ＥＴＦ一檔一檔地出現，讓人眼花撩亂，到底要怎麼選擇呢？

首先，ＥＴＦ的投資和傳統基金大異其趣。傳統的基金，投資人的購買方式是看好哪個類股，就買哪種基金。但ＥＴＦ可不是這樣，我們要買的是能夠代表整個市場的ＥＴＦ。看好電子股就買電子股ＥＴＦ，看好金融股就買金融股ＥＴＦ，這種策略不是不好，而是已經偏離了基本概念。別忘了，根據現代投資理論，市場本身就是個有效率的投資組合。我們要買的，是整個市場。

接下來，還要考慮費率和追蹤誤差的問題。買下股票市場裡的每一檔股票，這種ＥＴＦ，當然能代表市場。但這種ＥＴＦ，會讓基金公司在部位的運作調整上，非常麻煩。正如前面所提富國銀行例子，基金公司頻頻調整部位一定會造成費用上的問題，而不調整，則會產生追蹤誤差。

因此，如何設計出一個指數，一方面可以有效地代表整個市場，一方面這個指數的成分股和組成方式也不複雜，能夠讓基金公司以最低的成本調整持股，追蹤該指數，這是一個很大的 know-how。

簡單說，所設計出來的指數要具有代表市場的效果，還要便於基金的調整操作。

就投資人來說，我們可以比較ＥＴＦ的費率、追蹤誤差，以及ＥＴＦ標的指數和加權指數間的誤差，從中找出我們理想的ＥＴＦ。如果你覺得這樣比較，實在太複雜了，不知從何著手，很簡單，有一個經驗法則，那就是選規模最大的那一檔ＥＴＦ。

抱歉，從來就沒有一檔能長期打敗大盤的基金！

指數化投資，基本上是一種被動式的投資管理，只是機械式地調整追縱誤差。而傳統的基金，則是由基金經理人根據研究報告、投資策略，以及對後市的研判，進行主動的管理操作。

那麼，你應該選擇主動式管理的基金，還是被動式管理的基金呢？主動式的基金績效，相較於被動式管理又是如何呢？是否有一些主動式基金能夠打敗大盤？它們為什麼能夠打敗大盤？是基金經理人有真本事，還是冒著高風險來創造高報酬？

如果有一檔能長期打敗大盤的基金，我們是否能夠把這種基金找出來？如果有「公認」長期打敗市場的基金，大家爭相加入，結果如何呢？

反過來說，如果我們很難找到優秀的主動型基金，那是不是大家都去買被動型的基金就好了——因為被動型基金的費率低廉，且績效有一定水準，至少不會輸給市場太多？這樣的話，主動型基金還有生存空間嗎？

最後，如果主動式的投資管理都被消滅了，整個市場都做被動式投資，也就是說，「整個市場都在買整個市場」，這有可能嗎？

這些問題，早就有大量的研究和激烈的論戰，我們不容易三言兩語就講清楚。但我們可以試著從指數基金的發展軌跡切入，理出一個清楚的輪廓。

一開始，約翰．伯格在推指數基金時，根本乏人問津，而現代投資理論提出後，實務界也視之為象牙塔裡的癡人說夢。畢竟，一個好的投資來自扎實的研究，把錢交給優秀的基金經理人去操作才是正道。閉著眼睛買指數，那太不可思議了。

此外，每一檔的主動型基金，其行銷文宣上都會列出該檔基金「打敗市場」的數據和圖表，讓投資人相信基金經理人的操作價值。這些行銷文宣五花八門，運用各種不同的技巧，把基金最優秀的部分展現出來以吸引投資人。我們當然不能說這些資料做假或虛偽不實，但每一檔基金都勝過大盤，似乎有違常理。

於是伯格做了一份長期的研究，比較在一九九〇年至一九九八年十二月這段期間，主動、被動式管理基金的績效。結果顯示，S&P 500 在這段期間的累積報酬率為三一七%，而共同基金的平均累積報酬率為二一九%。另外，如圖5.6所示，分析這段期間每一年 S&P 500 和共同基金的平均報酬率，我們可以發現，雖然 S&P 500 不是每年都打敗共同基金的平均值，但 S&P 500 優於共同基金的年數和幅度還是較多。這說明了指數型投資的長期力量。

圖 5.6 大盤勝出！（S&P 500 與共同基金平均報酬率差異）

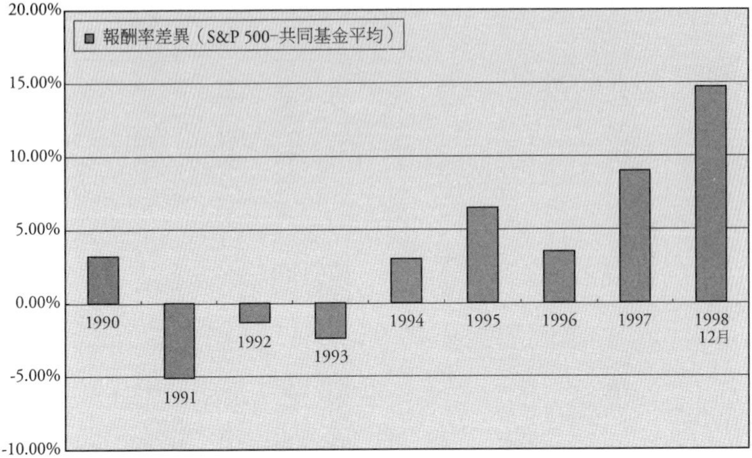

《漫步華爾街》（*A Random Walk Down Wall Street*）的作者柏頓．墨基爾（Burton G. Malkiel）教授則從另一個角度研究，他把一九八〇到一九九〇年間表現最佳的二十檔基金挑出來，計算其年平均報酬率為一七．九九%，高於S&P 500的一四．一四%。但再持續追蹤這二十檔基金在一九九〇到二〇〇〇年的表現，卻發現其年平均報酬為一三．六八%，低於S&P 500的一四．九一%。顯示前十年的資優生，在下個十年未必還是資優生，甚至可能低於大盤。過去的投資績效，不代表未來的投資績效。

換句話說，我們還是沒有找到長期打敗大盤的基金，尤其是「未來」能夠長期打敗大盤的基金。

台股大盤，幾乎年年打敗基金經理人

S&P 500是每個主動型基金經理人的夢魘。如果你是個基金經理人，要如何打敗S&P 500呢？想必是投入更多的研究，更積極地尋找被市場低估或高估的股票做操作。而更多的經理人去尋找被市場高估或低估的標的進行操作，等於是讓市場變得更有效率。也就是說，主動型的基金越難打敗市場。

指數化投資誕生於美國，並在美國大行其道，這或許並不意外。畢竟，華爾街人才濟濟，花了那麼多的資源去研究股市，其市場想必是相當有效率。台灣的情形又是如何呢？這是大家所關心的。

我們仿照伯格的研究，做出台灣股市的情形（參圖5.8），可以發現，從二〇〇三年到二〇〇九年，加權指數報酬幾乎每一年都勝過基金平均值。只有一年例外：二〇〇五年，大輸了二八・六三個百分點。由於二〇〇五年基金平均報酬大勝加權指數，因此我們還不能很肯

圖 5.7　美國歷年共同基金表現優於 S&P 500 的比率

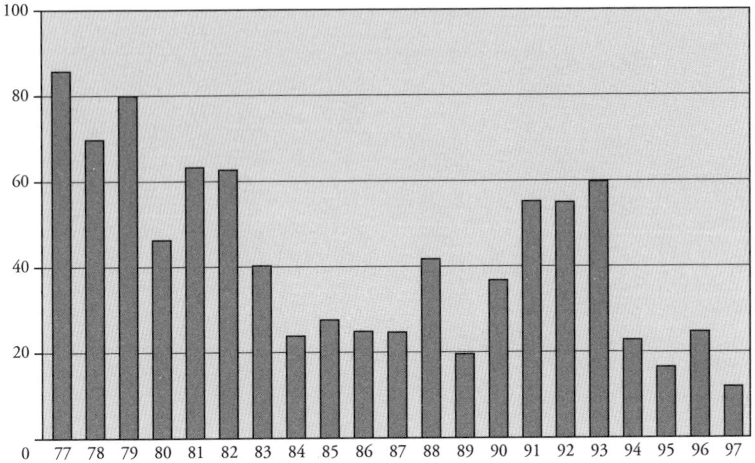

近幾年來美國指數型投資大行其道，其實打從 1990 年代開始，能打敗市場的基金就已經明顯減少了。例如 1997 年，就只有 15% 左右的基金優於 S&P500。（資料來源：《證交資料》522 期）

定地說，主動式管理全面落敗。

有些經理人好像比較聰明，為了創造高報酬，他們可能會採取風險較高的投資操作。反正是投資人的錢，基金如果打敗大盤，經理人名利雙收，如果不幸落敗，頂多黯然下台，自己並沒有什麼資金損失。因此，這種基金或許會在某些年度有優於市場的報酬率，但把時間拉長，風險終究會呈現而原形畢露。

二〇〇五年的情形，會不會就是這種情況呢？

幸好，對於這樣的狀況，除了拉長時間去檢驗之外，我們還有很多種指標可以兼顧風險和報酬率，做客觀的評

圖 5.8　指數贏面大！（台灣加權指數報酬率與基金平均報酬率的差異）

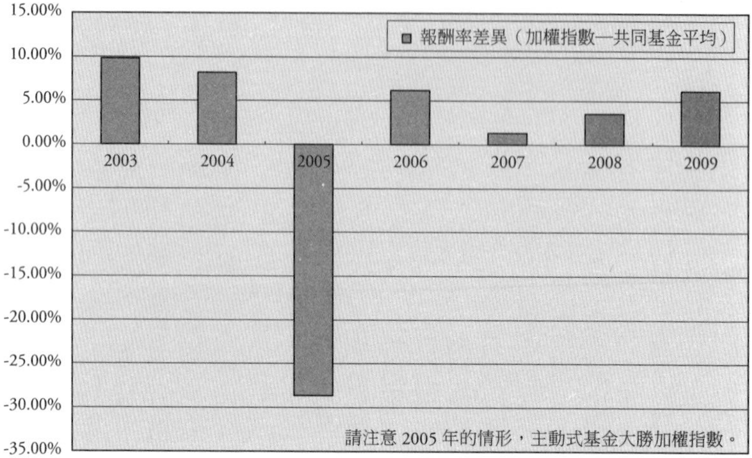

比。最簡單也最普遍使用的指標，大概是「夏普比率」。所謂的夏普比率（Sharpe Ratio），計算公式是這樣的：

夏普比率＝（「投資組合預期報酬率」減「無風險利率」）除以「標準差」

簡單講，這個公式裡的「標準差」，其實就是一個投資組合的風險。那些用高風險去搏取高報酬的基金，其投資組合報酬率的「標準差」，通常比較高。因此，我們可以用夏普比率，把一個基金的報酬率除以標準差之後，就可以判斷這檔基金的績效經過風險校正之後，是不是仍然具有優秀的績效。

例如，A投資組合的預期報酬率為一〇%，B投資組合的預期報酬率為一八%，無風險利率為二%；而A投資組合的報酬率標準差為一六%，B投資組合報酬率的標準差為三二%。試問，要選哪個投資組合比較好？

我們就來計算一下：

A的夏普比率＝（10%–2%）/16%＝0.5

夏普比率
Sharpe Ratio

又稱夏普指數。經濟學家威廉·夏普（William Sharpe）在一九六六年的一篇文章中，提到結合報酬與變異觀念的一個指標，因此而得名。常用來做為衡量基金的報酬相對於風險的表現，所得出的數值越高，表示承擔一單位風險的額外報酬率越高。

計算公式是：（投資組合預期報酬率－無風險利率）／標準差

圖 5.9　各年度夏普比率比較圖

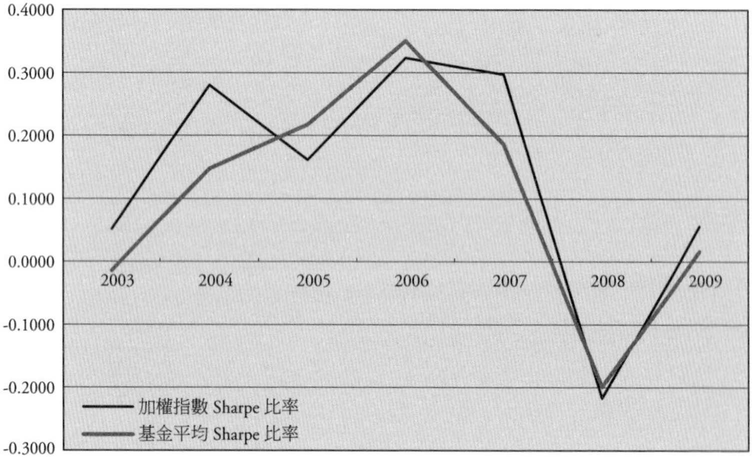

從各年度的 24 月夏普比率來看，加權指數和基金平均似乎沒有顯著差異。

B的夏普比率＝（18%−2%）/32%＝0.5

所以，雖然B投資組合的預期報酬率比A還高，但風險比A大，經過夏普比率計算之後，我們發現，B的高報酬其實來自它冒了較大的風險。從夏普比率來看，這兩個投資組合的「績效」是一樣的。

圖5.9比較了加權指數和基金平均在各年度的夏普比率，用目視法看不出兩者顯著的差異。所以，我們不能排除基金在二○○五年是冒了高風險而得到高報酬。也就是說，基金平均的表現，並不會比大盤高明。

當然，這裡必須說明的一點是，「基

圖 5.10　台灣歷年打敗加權指數的基金比率

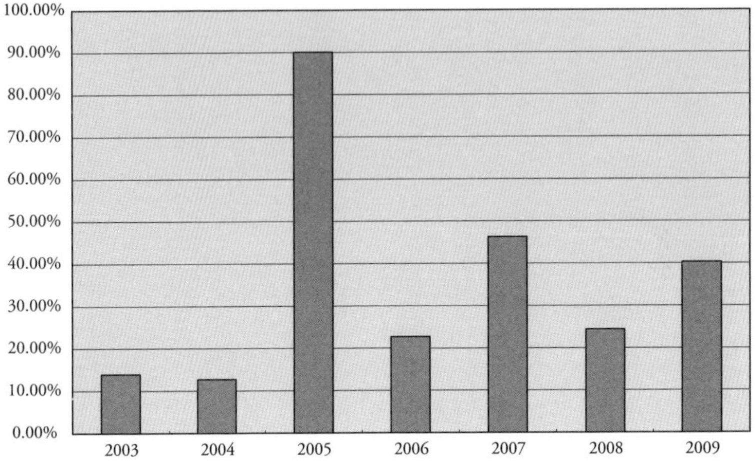

金平均的表現不特出」不等於每一檔基金的表現都不特出。個別的基金，還是可能有很不錯的表現。

接著我們仿照圖5.7的美國研究，把我國歷年基金打敗指數的情形做成圖表。

我們也可以從圖5.10看到，大致上除了二〇〇五年之外，加權股價指數每年都可以打敗一半以上的基金。但大盤打敗基金的情形，並不如美國明顯。以二〇〇九年來說，有四成以上的基金打敗大盤，和圖5.7所顯示的美國情形有相當大的差異。

或許，在台灣，主動式管理基金的優勢還是有的。

中正大學財金所一篇碩士論文〈主動式V.S

被動式管理基金之研究〉說得最好，雖然台灣也有一半以上的主動管理型基金績效不如加權股價指數，但「被動式管理基金績效優於主動式管理基金績效似乎不如美國市場來得明顯，或許是因為美國市場較台灣市場更有效率的緣故，這個結果或許也是目前台灣基金市場仍以主動式管理基金為主流的原因之一」。

當大家都被動，就是你主動的時候了

接下來的問題是，既然買指數就可以打敗一半以上的基金（除了二〇〇五年之外），精明的投資人會想，那幹嘛要花高額的管理費買主動管理式基金？或是，幹嘛自己費心做研究？相較之下，ＥＴＦ真是價廉物美，充滿了吸引力。

買指數，有點像是在搭便車，別人花越多的工夫去研究、去操作，市場就越有效率，因此，買指數就越沒有問題。我們知道，做研究是很貴的，你必須請一群學經歷俱佳的研究員，這還沒提到更昂貴的基金經理人呢。證券業投注那麼多的資源去研究，並不會使市場的基本面變得更好，卻可以讓市場的價格更貼進基本面。也就是說，主動式管理所耗費的資源，雖然原始目的是使他們自己的投資出類拔萃，結果卻是讓被動式管理獲益。

過去，一般沒辦法自己做研究的投資人，必須想盡辦法去打探主力、大股東、外資、自營商或基金經理人的一舉一動。他們很努力地追蹤主力法人進出表，希望能抓到蛛絲馬跡，從中獲利。而這些主力、外資、法人等等，也想盡辦法隱藏自己的動態，甚至還爾虞我詐，不時使出一些障眼法，讓跟單的投資人上當，真是有趣極了。現在，你只要買指數就好了，他們不論怎麼使詐，都逃不出你的手掌心。我們所搭的這班便車，是如來佛開的。

但如果大家都要搭便車，不自己開車，會是怎樣的情形？大家都買指數而不研究基本面，便會造成市場價格脫離「價值」，而喪失效率。也許，權值股會因此而被高估，當情況嚴重到一定程度時，就會有精明的投資人下車，轉而做主動式操作而獲取利益，最後，市場會出現一波修正，讓買指數的人蒙受損失。

也就是說，當大家都採被動式投資，就會為主動式投資創造獲利機會。反之，當大家都採主動式投資的話，則會讓被動式投資立於不敗之地。二者相生相剋，循環不息。被動式投資不可能無限成長，當被動式投資大行其道之時，正是主動投資起死回生之日。

這幾年來，被動式投資在台灣大幅成長，截至二〇一八年八月，我國國內股票型基金規模約為一八三五億，而指數股票型基金規模已達一五四七億，指數型幾乎要追上主動型了。那麼，我們的被動型投資是否已經嚴重扭曲市場？

針對這個問題，《漫步華爾街》作者墨基爾教授在二〇一六年十一月的一篇文章中認為，即使主動型投資人減少到只占全部的百分之五到十，還是足夠讓價格反應資訊。換言之，市場只要有百分之五到十的投資者採用主動型投資，就足以發揮市場的價格發現(price discovery)功能，讓價格合理反映基本面而不至於扭曲。依此推論，被動型投資的規模目前尚不足造成顯著的價格扭曲效果，仍有很大的成長空間。

實力不夠？學學蘇東坡下圍棋吧……

在股票市場裡，有投信、自營商、外資法人和大股東，個個都身懷絕技。他們擁有實力堅強的研究團隊、經驗豐富的操盤人、寬廣的人脈、靈通的訊息，還有龐大的資金和籌碼。相較之下，一般投資人只擁有公開資訊，一招半式闖江湖，在高手如雲的股市裡，別說攻城掠地打敗市場了，連如何保命都是個問題。

與高手過招，要如何全身而退，甚至出奇制勝，打敗高手呢？古今中外，最有名的例子大概就是蘇東坡和宮本武藏了，兩人都是極為聰明的人，用簡單的策略去對付高手，值得我們參考。

相傳蘇東坡曾在某國（有一說是吐蕃，有一說是西夏）圍棋第一高手來訪時，吹牛說自己是大宋第一高手，對手絕對下不贏他。那人不信，兩人便立刻對局決一勝負。這時蘇東坡就拿出事先想好的方法，在對稱的位置上模仿對方著手，亦步亦趨跟著對方下，讓對方痛苦不已。這就是有名的「東坡棋」。

下東坡棋很簡單，只要照著對方的手路去下便行了，對方有多強，你就有多強。對方要打贏我們，就等於要打敗他自己，談何容易！

回到股市，大部分的投資人都被股市打敗，只有少數人能長期打敗股市。而能夠打敗股市的人，往往成為家喻戶曉名垂不朽的投資大師。隨便找一檔股票型基金，其宣傳文件上一定附有「打敗股市」的績效圖，以彰顯其實力。

但是我們要反向思考：當所有的股票型基金都宣稱「打敗股市」時，並不表示股市真的被他們打敗了，只是顯示出「打敗股市」既然這麼值得被拿出來說嘴，可見這是多麼困難的

圖 5.11　1929 年吳清源與木谷實對戰棋譜

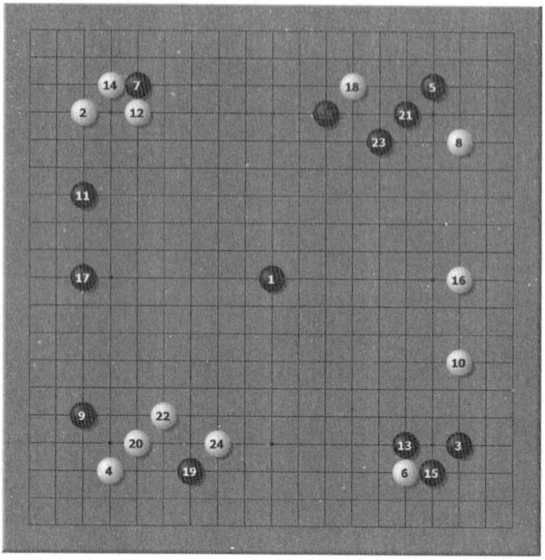

當時的吳清源才剛到日本不久，實力遠不及木谷實。在這局當中，吳執黑棋，第一手下在棋盤正中央的「天元」，接著每一步都下在木谷實落子的對稱位置，形成「木谷實打木谷實」的局面，讓他困窘不已。本圖只列出前 25 手。

一件事。

如果，我們的投資組合就是「股市」，我們至少就不會被股市給打敗了。也就是說，我們不再是弱者，而是所有高手的頭號勁敵。那麼，要如何建構一套「股市」的投資組合呢？很簡單，只要買ETF台灣五十就行了。就這麼簡單。

也許你會說，東坡棋不過是個傳說，真正嚴肅的高手對弈，絕不會出現。同樣道理，指數型基金也不過是理論上的東西，實務上恐怕窒礙難行。

事實上，頂尖高手的確曾經在嚴肅的賽局中採用東坡棋的下法。圍棋大師吳清源在一九二九年與當時實力遠勝過他的木谷實對戰時就用過，只是最後還是輸了三目。不久之後，圍棋界就有專門破解東坡棋的公式，似乎高手不可能再用東坡棋的策略了。但棋聖張栩在二〇〇七年第三十二期日本名人戰，與高尾紳路對弈的第三局中持白棋，前幾手以上下對應的變形東坡棋，來對付高尾的布局，終場險勝一目半。

同樣的，在實務上，指數型投資早就大行其道，世界各國都有交投活絡的ＥＴＦ，許多大型基金都持有相當部位的ＥＴＦ。

總之，當我們實力不夠時，只要採用東坡棋的策略，就可以立即提升戰力，立於不敗之地。

既然他們都在玩長槍，你就學宮本武藏抽出短刀……

另一個策略，來自宮本武藏以短刀破長槍的故事。

宮本武藏挑戰寶藏院的武僧，當時，奈良寶藏院的長槍術天下第一，無人能敵。武藏自忖用長刀絕對勝不了對方，於是取出短刀應戰，大家都認為他愚蠢至極。沒想到，宮本故意虛晃一下，誘使對手輕敵而露出破綻，於是宮本迅即逼近對方，一招之內便取得勝利，讓對方輸得莫名其妙。

長槍固然厲害，但近身時卻毫無用武之地，一旦被敵人持短刀攻入肉搏距離，就只能任人宰割了。

在股市裡，我們有時候就得用短刀，來破高手的長槍。當市場擅長於傳統的投資策略時，我們不要和它硬拚，改用另類招式，或許就有獲勝的可能。

一個看起來再怎麼有效率的股市，仔細研究，其實還是能發現一些漏洞的。

打個比方來說，你在人來人往的大街上撿到千元大鈔的機率，幾乎等於零。因為一旦有人掉了張千元大鈔在地上，馬上就會被人撿走，輪不到我們。只有當這張大鈔是掉在快車道上，甚至是在高速公路上，沒人願意冒著生命危險去撿時，我們才有機會去撿到這張千元大鈔，就看我們願不願意冒這個危險。

這樣的結論，的確讓人沮喪。難道沒有哪個偏僻角落，躲著被人忽略的鈔票嗎？例如，我們偶爾會在自動販賣機的退幣孔，撿到別人遺留下來的零錢，或是在電影散場、觀眾急著離去時，發現座椅底下有幾張別人掉落的紙鈔。股市裡面，有沒有這樣的角落呢？

沒錯，就是有一種投資人，努力去尋找效率市場所無法解釋，或是被忽略的角落。結果，還真的有，至少，很多人相信有。以下是幾個經常被討論的「異常現象」。

首先，是所謂的「元月效應」——每年的一月份，股市通常是上漲的。可能原因有以下三個。

其一，可能是因為美國有「資本利得稅」（Capital Gains Tax，常見的資本利得如買賣股票、債券、房地產等所獲的收益），許多人在年底時會處分虧損股票來減少應繳稅額，因此股票到了隔年一月就會漲回來。其二，也許是許多人習慣在年底檢討持股，汰弱留強，在十二月賣掉手中的部分持股。其三，也許大家在新的一年裡充滿鬥志和希望，於是積極買進。不論是什麼原因，反正一月就是漲多跌少。

其次，是規模效應——許多研究發現，小型股的報酬率，經過風險校正之後，報酬率比大型股還高。

小型股的股性比較活潑，風險比大型股還大，當然報酬率會比較高。但研究發現，即使扣除掉風險之後，平均而言，小型股的表現還是優於大型股。最早提出這個異常現象的是芝加哥大學教授羅夫・班芝（Rolf W. Banz），但他並沒有解釋小型股效應的可能原因。

第三，是低股價淨值比效應——股價淨值比就是「股價」除以「每股淨值」。以台積電為例，每股淨值十八元，股價為五十四元，股價淨值比就是54÷18=3。

提出效率市場假設的法馬和法蘭奇（Kenneth French）教授做了一個經典研究，證實低股價淨值比的股票，表現比高股價淨值比的股票來得好，而且效果顯著。請注意，這個效應意味著葛拉翰的價值投資是正確的。因為葛拉翰的價值投資法，其實就是買低股價淨值比的股票。

第四，是冷／熱門股效應。行為學派的威納・狄邦特（Werner De Bondt）和理查・泰勒（Richard Thaler）的研究發現，前幾年表現最好的一群股票，接下來幾年的表現卻輸給原先表現最差的一群。這在某種程度上印證了反向操作的理念。

狄邦特和泰勒對這個現象提出了過度反應假說，認為投資人往往高估熱門股而低估冷門股，於是創造出「均數復歸」的現象。買進前幾年被市場所唾棄的股票，績效會比買熱門股好。他們把這個現象稱為過度反應／反應不足現象。

其他的異常現象還很多，無法一一列出。有的異常現象仍有爭議，有的則已經被現代投資理論所接受，並納入模型做修正，如規模效應和股價淨值比效應。但大致上說來，市場似乎存在一些角落，可以讓我們安全地撿鈔票，不必冒著生命危險。

只是，為什麼會有這些角落呢？是不是效率市場假說錯了呢？還有，我們要如何「安全地」撿這些掉在地上的鈔票呢？我們繼續看下去。

十年後台積電值多少錢？算得出來我輸你

在效率市場假說裡，人是理性的，而且資訊的取得與分析沒有成本，也沒有落差。真的是這樣嗎？

假設我們要分析台積電的股票價值，我們可以取得許多公開的資料，如財務報表、公司訊息及相關的個股研究報告等，這部分的工作不難。但接下來，我們還必須預估台積電未來每一年的盈餘，以及每一年的盈餘成長情形，再用一個合理的折現率，把這些數字折現為一個合理的價值。

譬如說，如果我們發現，未來十年台積電每股每年可以賺四元，而且每年的每股盈餘以一〇%的速度成長，到第十年時，我們可以用台積電當時的「每股淨值」和合理的「股價淨值比」把股票賣掉。此外，我們可以用目前的大約利率水準二%，做為折現率。如此，我們就可以算出台積電的「價值」了。

但上面這個計算牽涉到太多的未來假設，不確定的變數實在太多了。不說別的，光是預估明年台積電的每股盈餘，就充滿了未知數。我們必須了解大環境的經濟、產業狀況和客戶需求，還有競爭對手的策略。

而且，估計出明年的每股盈餘還只是個開頭而已，我們怎麼知道未來的盈餘成長率？先別說天災或景氣循環問題，單是競爭對手的市場策略，以及上下游廠商的營運狀況，就夠複雜的了。

面對這麼複雜、遠超過我們能力的問題，我們傾向於用一個簡單的法則去因應。也就是：我們會根據過去的經驗，以及對未來的感覺，大略估個數字，然後以此為基礎，得到一個最終的估計值。

雖然，我們在整個推估的過程中都很理性，但因為問題實在太複雜了，難免要加上我們的主觀判斷，而這個主觀判斷，不論如何冷靜，都不是完全的理性，必然攙雜著個人的情感。

譬如說，在判斷台積電這類績優股時，我們在許多的變數估計上，可能會不自覺的偏向樂觀；而對於我們不熟悉且離我們很遠的股票，我們就會採取比較保守的估計。

此外，還有許多因素也會影響理性決策，例如群聚現象。如果你估計出來，明年台積電一股只賺二元，但其他人的研究報告大都估在四元左右，而且台積電本身也表示公司明年展望樂觀，達成預算沒有問題。這時，你會受到一個無形的壓力，不敢把自己的估計提出來，而修正為接近大家的估計值，譬如說，三．五元。你認為，可能自己在許多變數上的「猜測」錯了，才會和別人差距那麼多。但如果市場上充滿了這種群聚效應的調整，那麼台積電的市價就會在無形中產生偏誤。

在投資決策上，也有類似的壓力，尤其是在法人機構的投資決策上。想像一下，如果你是某大型法人的操盤者，你發現某一檔名不見經傳的傳產小型股的股價被低估，而台積電被高估了。照理說你應該調整部位，買進這檔小型傳產股而賣出台積電。可是，大多數時候，你不敢提這樣的建議。因為萬一你錯了，就會成為眾矢之的，甚至丟掉飯碗。但如果你建議繼續持有台積電，萬一事後證明是錯的，「反正大家都錯了」，這不是你一個人的責任。你的飯碗保住了。

這些都是影響理性判斷的心理因素。行為學派就是根據這些人性上的特質，主張效率市場的根本假設是錯的，人不可能完全理性，尤其是在面對複雜未知數的時候，充其量只能稱為「有限理性」（bounded rationality）。

專挑交投清淡、資訊又少的股票

理論上的爭辯，雖然有助於我們了解真相，但賺錢更重要。如果上面所提的這些「異常現象」確實存在，如果行為學派對現代財務理論的挑戰不是無的放矢，那麼，論戰就留給學者吧，我們賺錢要緊。

事實上也是如此。近幾十年來，大家了解到效率市場假說的缺口之後，紛紛展開新的一波挖寶行動。除了業界原有的主動式操作又開始席捲市場，出現各式各樣的避險基金之外，學術界的菁英們也紛紛下海淘金。但這一波的主動式操作，經過效率市場假說的洗禮之後，已經脫胎換骨。他們沒有養一大群的研究員做傳統的股票分析，去和其他基金比誰的分析和操作比較厲害，而是用進化過的全新思維來擷取利潤，就好像宮本武藏的短刀一樣。

在此要補充說明一點，有關這部分操作的公開資料非常少，而少數已公開的操作模式，大致上也沒什麼作用了，要不然就是困難度很高。下面的介紹，只是讓大家了解經過洗禮後的主動式操作大概長什麼樣子，僅供大家參考。要賺錢，你得自己去發掘、去尋找創意。不會有人花上大把資金，請了一堆數學電腦天才，找出賺錢模式之後，還敲鑼打鼓地教大家如何跟著做。「來喔，快來喔，捷運站出口左側的地上經常有鈔票可以撿！」想也知道，這怎麼可能。

首先要介紹的，是芝加哥大學教授泰勒——就是提出過度反應理論的那位。他與門生羅素・富勒（Russell Fuller）合夥成立了一家投資管理公司，應用他的理論進行操作，成果斐然。

基本上，他們是找出投資人對負面資訊「過度反應」及對正面資訊「反應不足」的情況，再把這個理念與傳統的基本分析做結合，創造出超越市場的報酬。

譬如說，利用投資人低估小型冷門股的價值，建構一個小型價值股的投資組合，持有一段期間之後，即出現優於市場的報酬。他們有很多的策略組合，有單純做多的組合，也有多空兼用構成市場中立的組合，但大都圍繞在冷門股上。這些投資組合的表現，即使用夏普比率衡量，考量風險之後，還是優於市場。

以微型股（Micro-Cap）這個策略來說，二〇〇九年的報酬率為六一・四%，勝過羅素二千種股價指數（Russell 2000）的二七・五%。詳細情形請參考該公司網站：www.fullerthaler.com。

他們所挑選的股票，多半是交投清淡、資訊又少的股票。這些股票，大型法人鮮少介入，因此，價格常常有被低估的情形。他們買進持有，忍受一段不算短的股價低迷時期，然後等市場終於還給這些股票正確的評價之時，便得到超額報酬。

另一位就是已故的芝加哥大學教授費雪・布萊克。他是資本資產定價理論的大將，前面已介紹過。資本資產定價理論提出不久之後，他就曾經用歷史資料，去測試資本資產定價理論的正確性，結果發現實證資料和理論之間存在系統性的差異。低β值（Beta值）的股票，在風險報酬的表現上優於理論的預測；而高β值的股票，則不如理論的預測值。他把這個結果發表在一九七二年的一篇論文中。

β值，是資本資產定價理論最關鍵的一個係數，表示一檔股票或投資組合的報酬率受到系統風險影響的程度。譬如說，當市場上漲一%時，有的股票會上漲二%，但有的股票卻只上漲〇・五%，有的甚至還下跌。我們就說，上漲二%的股票有高β值，而只上漲〇・五%

的股票有低β值。同理，下跌時也是一樣的特性。

資本資產定價理論就建立在效率市場假說之上，在一個效率市場中，資本資產定價理論的預測值也應該正確才對。如今，實證資料和理論不符，表示不是資本資產定價理論錯了，就是市場沒有效率。

根據哥倫比亞大學一篇紀念布萊克的文章（Understanding Fischer Black）記載，當時有的學者認為，效率市場假說沒問題，是資本資產定價理論錯了，只用一個簡單的係數去評估股價當然會有問題。但布萊克卻認為，資本資產定價理論沒錯，是市場在這個地方出現了效率上的問題。他發現，是投資人無法借券去放空高β值的股票，也不容易融資買進低β值的股票。

當時正是布萊克和富國銀行合作的期間，他認為富國銀行所管理的基金有股票，可以放空高β值的股票，也有能力融資買進低β值的股票，而且，經他計算，潛在獲利扣除借券和借資的成本之後，還綽綽有餘，真是獲取利潤的大好機會。於是他建議富國銀行進行這項操作，可惜當時的主事者偏向保守而反對此案，讓布萊克遺憾終身。

但布萊克這個用資本資產定價理論去找出市場缺乏效率之處，並加以利用操作以實現獲利的觀念，不但沒有因為這次被駁回而銷聲匿跡，反而被越來越多的人所採用，蔚為風潮。這種不靠系統風險賺錢的操作，業界稱為賺「阿法」（alpha）。

靜靜地、絕不張揚地「賺阿法」

阿法（α）值，在資本資產定價公式裡的意義，就是實際上存在，但理論無法解釋的報酬。

例如，我們前面提過的規模效應及股價淨值比效應就是一例。用資本資產定價理論去評估，也發現不同市值規模和不同股價淨值比族群之間，有類似布萊克所發現的現象，顯示市場存在著不冒系統風險的獲利機會。

美國加州大學洛杉磯分校（UCLA）的理查．羅爾（Richard Roll）教授多年前曾經應中山大學之邀，來台發表他的操作模式。我還記得當時會議主持人在介紹他時，說他富甲一方，有自己的農場和小飛機。

羅爾基本上是把股票按照市值規模、股價淨值比及本益比的高低做分類，各分為高、中、低三組。例如，先將市值規模分高、中和低三組，這三組分別再按其他兩個指標分組，共得二十七組。你可以想像成一個3×3×3的立方體。

然後他的模式是買進低市值規模、低股價淨值比及低本益比的那一組，然後放空高市值規模、高股價淨值比及高本益比的那一組。

他說一開始每年可以有三〇％的獲利，但沒多久就不靈光了，因為太多人做。於是他們轉移陣地，跑到日本及印尼去做。

我們聽完演講，回到公司後馬上用自營部去操作這個模式，但我們不能放空股票，只能放空期指。試驗性地做了大約半年，結果發現獲利是有，但利潤不大。雖然我們也發現一些操作上的問題而加以調整改善，但還是無法產生令人刮目相看的績效。不過，利潤還是比定存利率高，也算是證明了市場的確存在某種程度的效率缺口。

靠阿法賺錢的人，大都是找到市場的小縫隙，靜靜地吃，絕不張揚。但當他發現太多人都在做，利潤被壓縮之後，便會索性放棄，到其他地方另起爐灶。有時還會在放棄之後，大肆吹噓說先前做的某個操作模式很賺錢，好讓其他不明究理的人去爭食他已經放棄的那一口雞肋。反正，爾虞我詐就是了。

不過市場也很奇怪，有時一個已經不靈光的模式，過了三、五年，等大家都放棄了之後，又會出現不錯的獲利機會。

這個道理，其實和前面幾章的精神是一樣的：越是一般人認為不可能賺錢的東西，就越有賺錢的潛力。阿法值就是這麼一個無法解釋的東西。別人拿長槍殺過來之時，很少人會選擇用短刀去應戰，但宮本武藏就是用短刀在一招之內打敗頂尖高手。儘管長槍高手天下無敵，終究還是有百密一疏之處，重點是你必須抓到他的破綻。

但是話說回來，在宮本武藏用短刀打贏長槍高手之後，如果你也東施效顰，學人家拿短刀去對付寶藏院的武僧，保證你會被打得落花流水。因為對方不是呆子，也會與時進化。

假如市場上人人都是巴菲特，會怎樣？

這一堂課講到這裡就要告一個段落了，我想，可能還是有很多讀者似懂非懂。沒關係，做為一個投資人，我們要了解的不是那些數學、模型或術語。我們要了解的是效率市場的真正精神，以及效率市場這個概念所帶來的投資觀念。

想像一下，如果每個投資人都是巴菲特，這個市場會是怎樣的市場？股價還會被低估嗎？不會的，若被低估的話，就會被「某個巴菲特」撿便宜買走。股價會被高估嗎？不會的，若被高估的話，就會被「某個巴菲特」逢高賣出。這是一個股價完全反映真實價值的市場。你想撿便宜或是賣高價？門兒都沒有。

這時，最好的策略，就是分散持股。買指數，以避開個股風險。如果你只買一檔股票，就算是買績優股台積電好了，萬一新竹發生大地震，你還是會蒙受重大損失。總之，如果市場上每個投資人都是巴菲特的話，你買指數就對了。

市場當然不是每個人都是巴菲特。我們沒有那麼聰明、那麼喜歡研究、那麼會盤算、那麼冷靜、那麼……。但話說回來，我們雖然不是巴菲特，可也不是完全不用腦筋、完全不做研究、完全不會盤算、完全不冷靜、完全不……。於是，股價如果略微被高估或被低估，我們或許察覺不出來；甚至，不同的人對股價是否高估、低估，會有相反的意見。但如果股價明顯高估或低估的話，我們一眼就能看出來，並採取應有的行動以操作獲利。因此，股價只能說是大多數的時候大致上不離譜，而不是時時刻刻都處於完全效率狀態。

這讓少數精明的人有機可乘。

他們用效率市場的標準去檢驗市場，當發現市場出現效率上的漏洞或缺口時，他們就會把握機會，利用這個漏洞賺錢，悄悄地賺錢。

市場不時會有漏洞出現，但漏洞在哪裡，不會有好心人告訴我們，必須自己去找。如果有人好心告訴我們一個市場漏洞，那必然是以前曾經發生過的漏洞，等我們聽到時，早已關門大吉。

很多人讀了現代財務理論之後，看到洋洋灑灑的數學，以為只有數學家、電腦專家才有辦法找到市場漏洞。其實不然。找漏洞，要有一點點創意、一點點離經叛道、一點點耐性，以及百分之百的市場 sense（請別誤會，我所謂的市場 sense 不是預測股市漲跌，而是知道市場裡的人性）。數學技巧或電腦功力反倒是其次。空有數學和電腦實力，而不懂市場，就好像擁有精密武器，卻不知道敵人是誰一樣。

如果你對市場有 sense，知道漏洞可能出現在某處，但還不確定，需要數學和電腦幫你做實證測試，這時，你再找研究生來幫你做都來得及。況且，現在台灣有關股市的資料庫與公開資訊非常完備，略懂電腦就可以幾乎免費地做計量研究。

其實，就我個人的經驗，只要有 idea，找股市漏洞根本就不必動用學術級的研究水準，只要中學生的程度，懂得加減乘除，懂得上網找資料就行了。越簡單越好。

只要抓到效率市場的破綻，短刀就很好使了。

第6講

股災，是大展身手的好機會！

趁別人在怕，趕緊抓出股市裡的黑天鵝

接下來這章所要談的主題，可能會讓許多人覺得莫名其妙。研究股市，有必要去了解什麼碎形幾何、什麼混沌理論嗎？

在回答這個問題之前，我們先想另一個問題：股市的泡沫與崩盤。這東西，從某個角度看，實在像極了颱風與地震——這些事件都帶來巨災，但你沒辦法防止它，甚至沒辦法「準確」預測它，只能觀察它，因為它確實存在。

但股市有一點很特別，泡沫與崩盤雖然為經濟帶來莫大的傷害，甚至比颱風和地震還厲害，但對個別投資人來說，卻也帶來了獲利機會。因為泡沫與崩盤會扭曲市場，造成股價暫時偏離「價值」的現象。

根據上一章所提到的效率市場假說，投資人是

理性的，而且股市是有效率的。而泡沫與崩盤的存在，似乎證明了：投資人會出現恐慌與貪婪的不理性行為。儘管泡沫與崩盤不是天天有，只是偶爾出現，但還是有效地推翻了效率市場假說，市場，的確存在著某些獲取超額利潤的機會。

投資人的不理性行為，是如何累積成這些獲利機會？我們賺得到嗎？這的確是值得我們去探討的問題。上一章已經介紹過一些觀念，但我們在這一章裡要跳脫正統的投資理論，跟著一群另類的科學家和數學家去研究大自然的神祕法則——碎形幾何與混沌理論——看看能不能獲得一些啟示，幫助我們找到不為人知的市場縫隙。

不要懷疑，股市真的是狂野的

我們都經歷過股市崩盤，市場似乎是無止境地暴跌，宛如世界末日。我們也經歷過股市泡沫，天天大漲，好像要漲到太空似的。而且，崩盤與泡沫，雖然不是經常發生，卻也不是千年罕見，幾乎每隔幾年就會出現一波。一九八七年的黑色星期一，不明原因造成美股崩盤，也牽動全球股市重挫。一九九七年的亞洲金融風暴，號稱滾動式風暴，從亞洲出發，接著在中南美洲、俄羅斯等地一一引爆，讓長期資本管理公司（LTCM）破產，也造成了美股暴跌。二〇〇八年的次貸風暴，又稱為金融海嘯，我們記憶猶新。

股市泡沫也不遑多讓，夾在幾場金融風暴之間，此起彼落。日本在一九八〇年代後期的泡沫經濟、台股在一九八〇年代由三千點一路狂飆到萬點的行情、以及二〇〇〇年的全球網路泡沫。

當然，世界各國還有更多的崩盤與泡沫，我們無法一一列舉。

碎形幾何
Fractal Geometry

數學家曼德伯發明碎形幾何來描述混沌現象裡一再重複的性質。除了大自然裡的山岳、旋風、蕨類葉片等，一些社會現象也具有這個性質。例如，曼德伯發現棉花的交易價格就具有碎形幾何的特性。碎形幾何可以用簡單的符號，表達一再重複的複雜現象，而利用電腦強大的運算能力，更能將碎形幾何做完美的計算和視覺呈現，如今我們已經可以看到各式各樣用電腦所繪的碎形圖。此外，碎形幾何還可以用來研究人類的社會現象，特別是股價行為，讓我們知道，市場行為也許不是完全理性，而是存在著狂亂的泡沫與崩盤。

只要看過這些泡沫與崩盤，就知道股市是狂野的。至少，每隔幾年就會出現一波狂亂的現象。這樣的現象，完全不能用效率市場解釋。在一個效率市場中，每個人都是理性的，所有的資訊都充分反映在價格上，那是個完美的靜止世界，每個人都買到自己想要的股票，即使有變動，也只是隨機微幅調整才對。

在隨機漫步的模型下，股市的變動呈常態分配。而在常態分配之下，泡沫和崩盤多久發生一次呢？

我用一九九五年到二〇〇九年加權指數的週變動資料去計算，套用常態分配表，發現一週變動達二〇％的機率大約是三萬三千年一次。但二〇〇一年十二月第一週就出現過二〇％的漲幅。更不用說三萬多年前，人類還沒進入新石器時代呢。

也許有人認為，基本上效率市場仍然成立，那些崩盤與泡沫是突發的外力所造成。這樣的說法有待商榷。第一，外力事件或許會造成一時的股市重挫，但事件之後股市常會自行調整，不但不會引發大規模崩盤，反而還一路挺升。例如一九九〇年伊拉克入侵科威特時，美國道瓊工業指數從八月二日的二八六四・六點下滑至一九九一年一月十五日的二四九〇・五九點；然而，當波灣戰爭正式開打後不久，美國股市隨即反彈向上，六個月內的漲幅高達一

七．五％。九一一事件也有類似反應，恐怖攻擊剛發生時，的確造成美股重挫，但到了十月就反彈了。

第二，幾波大型崩盤或泡沫，大都是金錢遊戲或投資活動所造成的結果。次貸風暴就是出自金融體系的運作失當，不是外力所造成的。而一九八七年的黑色星期一至今原因不明，有人說是程式交易和投資組合保險所惹的禍。

也就是說，突發性外力未必造成崩盤，而崩盤也未必是外力所造成。因此，對於泡沫與崩盤，我們必須尋找有別於隨機漫步的解釋。

股市、地震、火災、所得分配、交通流量

倘若我們找到可以合理解釋泡沫與崩盤的模型，是否可以像隨機漫步模型發展出現代投資理論一樣，讓我們在投資上有新的見解與做法？崩盤與泡沫的股價行為，是否具有共同的結構？從這個共同結構，我們可以看出什麼端倪？

在一場風暴之後，是否經過了檢討改善，並把造成該次金融風暴的原因根除，就永遠不

會再有風暴發生？或者，不論我們如何改革，崩盤與泡沫永遠都會發生？如果崩盤與泡沫永遠都避免不了，我們能夠「精準預測」嗎？如果不能「精準預測」，有什麼投資策略可以運用呢？

接下來所要介紹的理論，泰半由物理學界或數學界人士所提出，和主流的投資理論格格不入，甚至被視為荒誕不經。這些物理學者和數學家認為，許多的大自然現象與社會現象，如固體熔解、沙堆的崩落、飛鳥的覓食路徑、生物族群的消長、地震、森林火災、所得分配、交通流量分布及電腦網路等，都具有和股市崩盤與泡沫頗為類似的特性。

這個特性，就是混沌（chaos）。宇宙萬物看似複雜的消長變動，其實是服從一個簡單的法則：混沌。股市自不例外。

圖6.1是飛機起飛所引起的氣旋圖，也是混沌現象的一種，是否讓你想到股市的狂亂行為？

是布朗運動，還是列維飛行？你看出來了嗎？

我們在上一章的圖5.1（參頁一〇八），用隨機漫步模擬了一個很類似股價走勢的圖形出

圖 6.1　飛機飛行所引起的氣旋圖，混亂中帶有簡單的規律，是典型的混沌現象。股市是否也具有類似的特性呢？（影像來源：維基百科，原圖出自 NASA Langley Research Center）

來，但是這個圖形和典型的股價走勢圖還是有些差別。用肉眼看，只覺得怪怪的，但說不出哪裡不對勁。股市與隨機漫步之間，似乎還有一些微妙的差異存在。

首先，雖然股市每天都有漲跌停板的限制，但基本上，每天的漲跌幅度都不一樣。而隨機漫步模型卻是每一「天」都是一樣的幅度，+1或–1。如果我們取五個交易日為一週，看隨機漫步在「一週」裡的漲跌幅度，那麼，可能的變動情

圖 6.2　用隨機漫步方式模擬「週」變動狀況圖

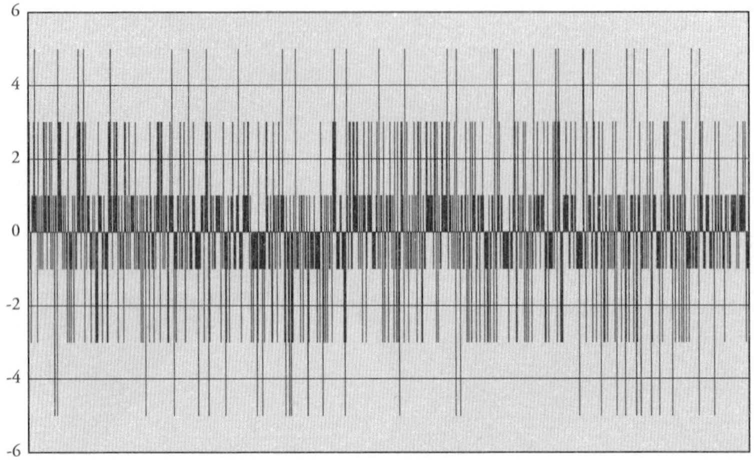

圖 6.3　加權股價指數週變動圖

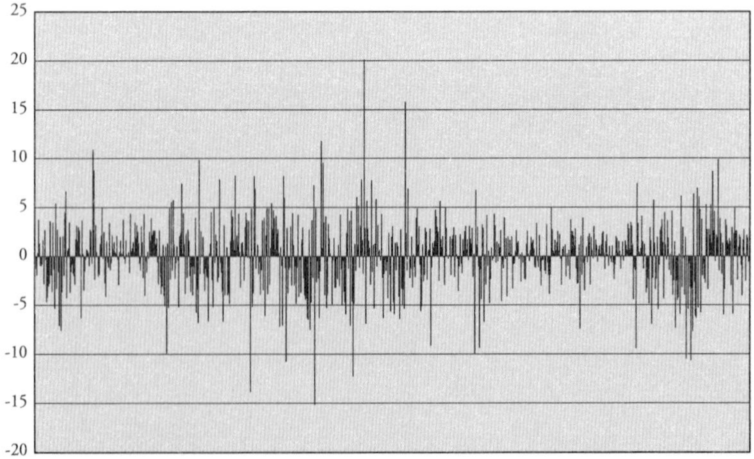

形就是+5、+3、+1、−1、−3、−5這六種。+5是連漲五天，+3是四天漲一天跌，+1是三天漲二天跌，−1是二天漲三天跌，−3是一天漲四天跌，−5是連跌五天。

我們把這個隨機漫步，同樣用 Excel 模擬出來，並把漲跌情形畫成圖6.2。我們可以看到，漲跌的分布非常呆板均勻。

接下來，我們看看加權股價指數的週變動狀況，如圖6.3。我們似乎看到一些「狂亂」的跡象，顯然和隨機漫步不同。有時，一週的變動高達二〇%，但這麼大幅度的變動，出現次數並不多，大多數是微幅變動。基本上，這個圖呈現出高低起伏的景象。

隨機漫步在物理學上又稱為布朗運動。這種運動的路徑，有如花粉粒在水上自由漂動一般。但已故數學家貝諾・曼德伯（Benoit Mandelbrot）認為，股市的特性不是布朗運動，而是列維飛行（Lévy flight）。

列維飛行，如圖6.4的下圖，我們可以看到裡頭不時出現長距離的「飛行」。同樣走一千步，布朗運動的路徑分布在 70×70 的範圍內，而列維飛行則分布在 400×400 的範圍裡。

有人把列維飛行比喻成一隻鳥在樹林中覓食所飛翔的路徑。它會在小區域內搜尋一陣子，然後突然遠走高飛，跑到遠方的另一個林子裡做細部搜尋。如果就股市的狀況來看，在

圖 6.4　布朗運動路徑圖（上）與列維飛行路徑圖（下）

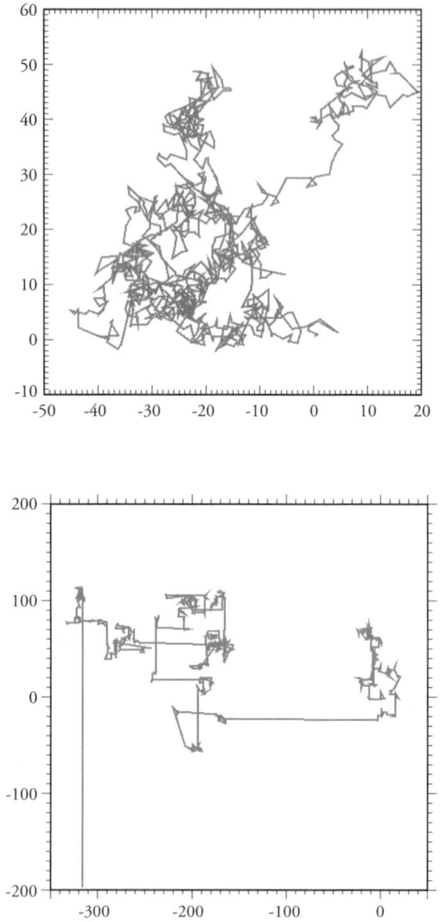

上圖是一個二度空間的布朗運動路徑圖，好像一粒花粉在水上漂移似的。下圖則是二度空間的列維飛行路徑圖。兩個圖都是走一千步，我們可以看到，布朗運動的範圍落在 70×70 的方塊裡，而列維飛行的區域則是 400×400，範圍大很多。而且列維飛行的路徑中，不時出現長距離「飛行」。（圖像來源：維基百科）

隨機漫步模型裡，就算有股市崩盤，也是一步一步地慢慢跌，而且這種長期連續下跌的機率非常小；但列維飛行就不同了，崩盤是一步到位，且出現的機率還不小。

有人說，列維飛行「宛如」是一種比較「複雜」的隨機漫步，它每一步的幅度大小不同，且差異甚大。但這只是個比喻，隨機和混沌是完全不同的概念。

布朗運動

Brownian Motion

布朗運動是英國植物學家羅伯·布朗（Robert Brown）用顯微鏡觀察到花粉粒在水中漂移碰撞的現象，並於一八二七年提出。這個運動所描述的，是固體微粒懸浮在流體中所做的連續不規則的碰撞折線式運動。後來數學家把布朗運動視為一種隨機擴散過程，或稱為韋納過程（Wiener process），粒子在一段期間 t 的漂移距離，其期望值為 0，變異數為 t。物理學家用這個模型來解熱力學問題。現代投資學理論假設股價變動為布朗運動，從而可以用物理熱力學方程式去解選擇權的評價問題。

列維飛行：想預估報酬與風險？別傻了

列維飛行和隨機漫步模型在數學上有許多不同的性質，這些性質會造成股市理論上的重大差異。我們的介紹，盡量減少數學的部分，讓大家能有直觀上的了解。

第一個特性：列維模型下的股市，沒有固定的預期報酬率和風險值。

隨機漫步，套在數學上就是常態分配，有平均值也有標準差，也就是現代投資理論裡所謂的預期報酬率和風險。整套的現代投資理論就建立在常態分配這個假設上。

如果股市是列維飛行，那就找不到平均值了，更算不出標準差。因為隨時來個大飛躍，就會改變平均值。而沒有平均值，當然就算不出標準差，也算不出所謂的「風險」。即使勉強去計算「平均值」和「標準差」，也得不到穩定的數字。列維飛行中的大飛躍，讓「平均」的概念失去意義。

夠恐怖吧！這個大飛躍剛好就是崩盤和泡沫，它讓過去所計算的「風險」完全失去準頭。

也許，有些讀者還是很難理解「沒有固定的平均值與標準差」到底是什麼意思。讓我舉個例子來說明吧。假設我們要估計台北市人口的平均身高和平均所得，但我們沒辦法取得全台北市每一個人的身高和所得資料，只能隨機找一百個台北市民，取得他們的身高和所得資料，並根據這一百人所計算出來的平均身高和平均所得，去推估台北市人口的平均身高和平均所得。

你會發現，平均身高的估計值非常準確，也非常的穩定。如果把樣本從一百人增加為兩

列維飛行
Lévy Flight

上述的粒子運動（參 169 頁「布朗運動」），如果每一次運動的距離具有冪次定理特性，也就是說，沒有平均值也沒有標準差，就會出現「大飛躍」，而不像花粉粒那樣平均擴散。一般認為，鳥類或動物覓食的路徑比較接近列維飛行，而非布朗運動。曼德伯首先用一個二次元的列維飛行來表示碎形圖形。他還認為，股價變動也有同樣的特性。

百人，所得到的平均身高並不會有太大的出入。

然而，平均所得可就不同了。如果我們所抽樣的一百人，都是普通的上班族，計算出來的平均所得大約是六十萬元左右。現在，假設樣本中抽到了某位上市公司的大老闆，年所得十億元，那這一百個人的「平均所得」馬上就會變成一千萬以上。其實，其他九十九人的全部所得加起來，還不到這位上市公司老闆的九牛一毛。這就是沒有固定均數的一個例子。

股價也一樣。如果我們仍堅持股價變動為常態分配，而選取一段期間的歷史股價去計算標準差，我們會發現，不同期間所算出的數值並不相同，甚至還有頗大的差異。

台股的80／20法則：會漲過頭，也會跌過頭

第二個特性：列維飛行的路徑，無論用望遠鏡或用顯微鏡去看，形狀看起來都差不多。

想像一座山。遠遠看，有高低起伏的山丘。再走近一些看，每個山丘又有著高低起伏的「小山」。再細看這「小山」，又可看到許多的「小小山」（參圖6.5）。

圖6.2和圖6.3分別是隨機漫步和加權指數的週變動圖。現在，我們來看看日資料的情形。圖6.6和圖6.7分別是隨機漫步及加權指數的日變動圖，我們可以看到，加權指數的日變動圖仍保有類似的高低起伏狀態；但隨機漫步模型卻不具備這個特性。

這種不論用望遠鏡或用顯微鏡看，都會得到類似圖形的性質，是自然界一個很重要的特性。許多複雜的事物，其實是一再重複某種簡單的規律。曼德伯更發明了碎形幾何來分析這個性質。其實，這個規律就是所謂的冪次法則（Power Law），又稱為

圖 6.5　每座山都有著高低起伏的「小山」，而每個「小山」又都由許多的「小小山」所構成，可以如此一路無限細分下去。（影像來源：維基百科玉山南峰 http://zh.wikipedia.org/wiki/File:JadeMountainSouthernPeak.jpg，作者 Peellden）

圖 6.6　隨機漫步日變動圖

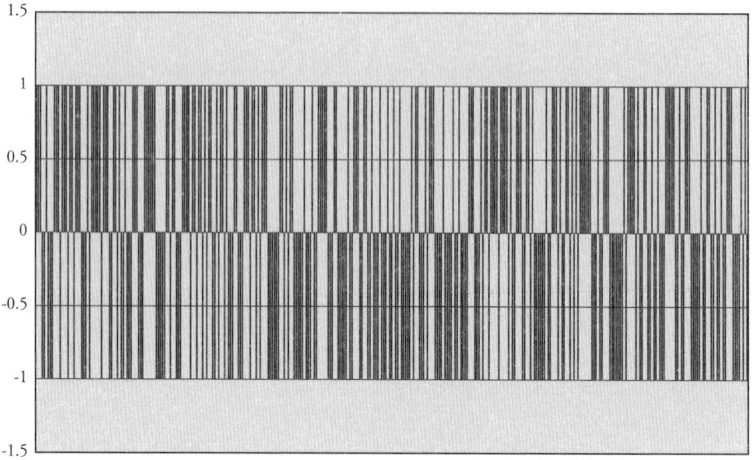

仿照圖 6.2 所做的隨機漫步日變化狀況圖。我們可以看到，變動只有 +1 和 -1 兩種。

圖 6.7　2009 年加權指數日變動圖

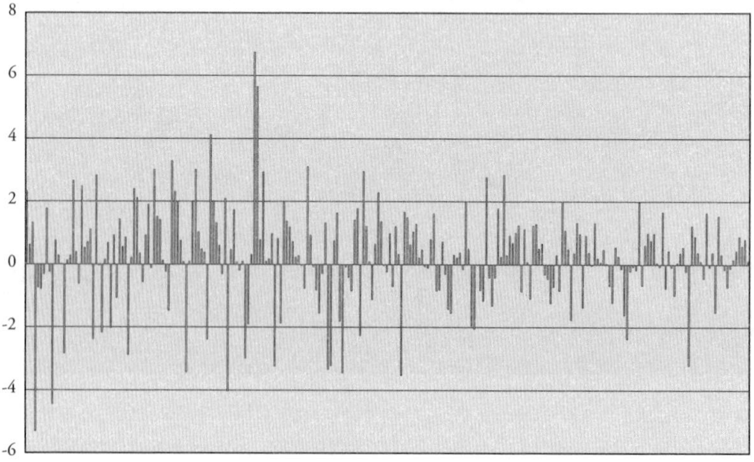

我們仍然可以看到類似圖 6.3 的高低起伏狀況。

80／20法則。

80／20法則最早是由義大利經濟學家帕雷托（Vilfredo Pareto）提出，他發現義大利八○%的所得集中在二○%的人身上。而且，如果你把所得最高的這二○%的人單獨拿出來看，你會發現，這群人的所得，還是有八○%集中在二○%的人之現象。這種一層又一層的重複規律，有如我們前面所提的山岳模型。

大自然有許多的80／20現象，但未必是「80和20」這個固定比率，有的可能是90／10，

冪次法則

Power Law

當一個事件的出現頻率和事件的規模呈指數的反向關係時，我們就說，這個事件符合冪次法則。大家所熟知的 80/20 法則就是一種冪次法則，百分之八十的所得集中於百分之二十的人。除了所得分配之外，地震、降雨量、生態系裡的物種族群數量、語言裡單字的使用頻率、姓氏的人口數、戰爭的規模和頻率等，都具有冪次法則的性質。

有的則是70／30。重點在於資源集中的規律性。

我們從圖6.8可以看到，台灣加權股價指數的日變動幅度大約是80／45法則，也就是說，變動最大的前四五%占了全體變動幅度的八〇%。還沒有到80／20的程度。有興趣的讀者可以自行驗證，以週資料計算，二〇〇七到二〇〇九年間，加權指數的變動大約是80／50法則。

提到80／20法則，許多人會聯想到生產流程改善的概念，以為我們只要專注在重要的那二〇%就能提高操作效率。既然台股八〇%的變動來自四五%的交易日，那麼，我們只要掌握住那四五%的交易日就好了。

不幸的是，我們事先並不知道這四五%是哪幾天，而且，我們也無法事先知道，這四五%的交易日哪天是漲、哪天是跌。

我們只能說，台股似乎存在由某種冪次法則所構成的規律，而非純粹的隨機漫步，這暗示股市有超額報酬的空間。但這個超額報酬要如何操作，乃至於我們有沒有辦法賺到這個超額報酬，則是另一個問題。

說得更白一些，和隨機漫步模型比起來，台股的確會「漲過頭」，也會「跌過頭」，而

圖 6.8　2009 年台灣加權股價指數變動幅度分析圖

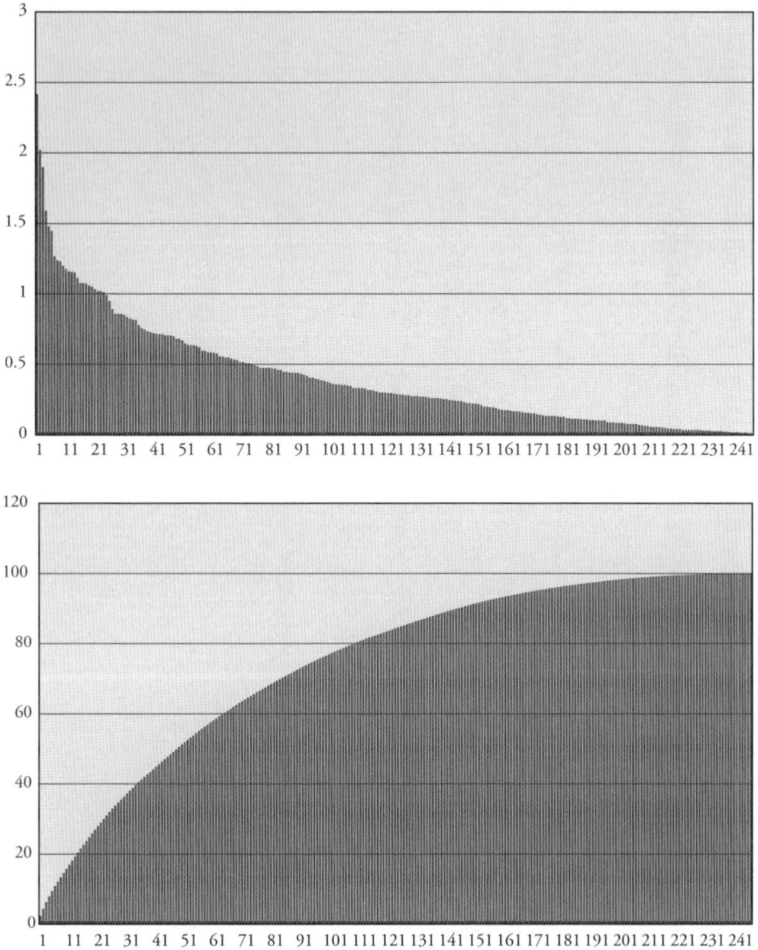

上圖是把每日的變動幅度（不計正負號）由大排到小。下圖是把排序後的數字做累加，形成一個帕雷托圖。從圖我們可以看到，2009 年共有 247 個交易日，變動幅度最大的 112 天共占了總變動幅度的 80%，也就是說，大約前 45% 占了 80%。所以，我們說 2009 年的加權指數是 80 ／ 45 法則，而不是一般所熟知的 80 ／ 20 法則。

製造了超額報酬的機會。也許，有人真能透過某種操作策略賺取這些超額報酬，只是我們無法得知。

理性的股市，會與狂野的股市交錯出現

列維飛行的第三個特性，就是規模與頻率，呈對數反比關係。

大多數的讀者看到上面這個句子，可能會覺得有些艱澀，又是規模、又是頻率的，再加上對數、反比，真不知葫蘆裡賣的是什麼藥。其實，沒那麼困難，請耐心看完下面的說明。

我們回到飛鳥覓食的飛行路徑。大多數時候，鳥兒可能在同一棵樹上同一個枝條上的不同位置間飛來飛去。「偶爾」會飛到同一棵樹上的另一個枝條，然後在這新的枝條附近飛行覓食。

在同一棵樹上的各枝條間來回飛行一段期間之後，「偶爾」會再飛到另一棵樹，這個飛行距離就比較長了，但出現次數比在同一棵樹飛來飛去的要少。

圖 6.9　規模與頻率呈對數反比關係示意圖

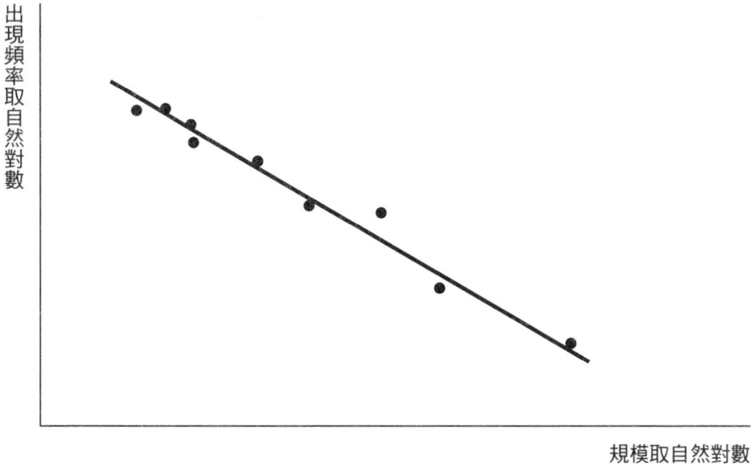

接著，更少的次數是從一個林子飛到另一個林子。這樣的飛行距離更長，但出現這種飛行的次數也更少。

列維飛行就具有這個特性，而且可以用一個精確數學關係表示。如果我們把飛行距離和出現頻率取對數，畫在圖上，就會呈現圖6.9的直線關係，這條直線向右下方傾斜，表示反比關係。

許多自然現象都具有這個規模頻率的對數反比關係，如物種的滅絕、森林火災和地震等。經濟學家保羅・奧莫羅德（Paul Ormerod）在《敗部經濟學》（*Why Most Things Fail?*）一書中，對物種滅絕的規模與頻率關係有詳盡的說明，有興趣的讀者可以參考該書。

圖 6-10　1900-2000 年台灣宜蘭外海地震統計圖

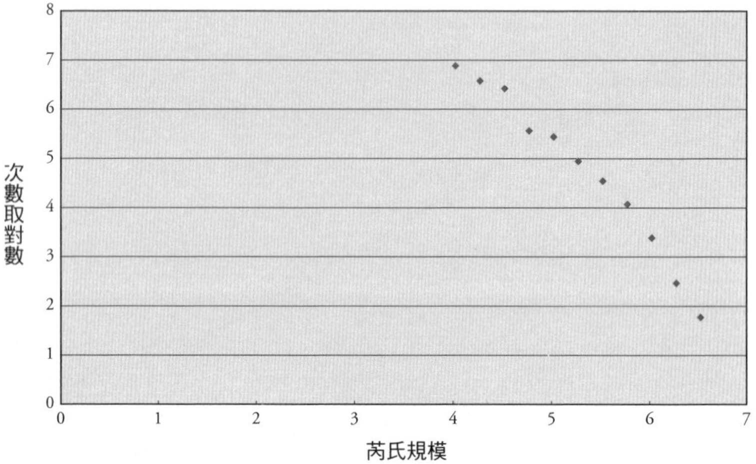

芮氏規模本身就是對數值。把發生次數取對數之後，在圖上就顯示出明顯的反比關係。這個圖只統計 4 級以上的地震。

此外，我們也可以用台灣的地震資料畫出同樣的關係圖。圖6.10是用中央大學應用地質研究所的台灣地震查詢系統，統計一九〇〇年到二〇〇〇年間宜蘭外海的地震次數與規模所做成的。我們可以看到明顯的反比關係。

圖6.11是二〇〇九年加權指數的規模與頻率圖，我們可以看到，股價也具有這種特性。但這個特性雖然具體，似乎也沒有說明什麼。畢竟，人類到目前為止仍無法預測地震。我們只知道，在股市看似隨機的現象中，似乎存在著一個簡單的混沌規則，這個混沌規則，讓股市除了理性的隨機漫步之外，不時會出

圖 6.11　2009 年加權指數日報酬率與頻率關係圖

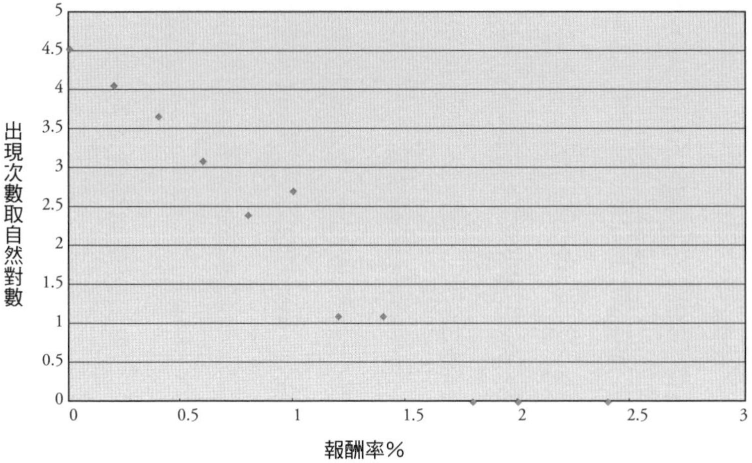

圖中的報酬率不計正負，只管相對變動程度，採自然對數法計算而得，與頻率取對數的值，呈現反比的直線關係。

現狂野的泡沫和崩盤。理性和狂野會交錯出現，而且規模和頻率會呈對數反比關係。

沙堆實驗與臨界狀態

股市不時出現大小不等的泡沫與崩盤，這是令人難以理解的現象。如果崩盤之後，市場回復理性，應該就此不再發生狂野現象才對。就好像水結成冰一樣，一旦結冰了，除非有外力介入，否則就不該一下子結冰，一下子又化成水。反覆出現水與冰的變化，顯然是處於一種臨界狀態，或者說，這個系統會自動回到臨界狀態，它不會永遠結成冰，也不會永遠化成水。

為了解釋這個臨界狀態一再自行出現的現象，丹麥物理學家巴克（Per Bak）、湯超（Chao Tang）和魏森菲爾德（Kurt Wiesenfeld）在一九八七年提出了著名的沙堆實驗，解釋自組臨界性（self-organized criticality）的概念。在自組臨界性之下，不用透過參數的調整，系統就會自行抵達臨界狀態，而出現冪次法則的行為。

請想像堆沙堆，我們把沙子一粒一粒地往上堆。開始時，堆一粒沙子並不會造成沙堆崩落，系統是穩定的。但不斷地往上堆沙之後，一定會達到一個臨界狀態而出現以下狀況：再加上一粒沙子，就會導致沙堆崩落。

沙堆崩落後，系統又回復到穩定狀態。但我們繼續堆，再過一段時間後，又會再度出現沙崩。如此，這個系統反覆出現穩定、崩落、穩定、崩落的過程。而崩落的規模，雖然每次的大小各不相同，但都會出現上一節所講的規模和頻率呈對數反比的關係。

在這個實驗中，沙子的特性並沒有改變，我們也沒有用外力去搖動沙堆。單是一粒一粒的小沙子堆上去，就會造成臨界狀態的自動出現，而造成崩塌。此外，我們也不能說某一粒沙子造成崩塌。就算我們把曾經造成崩塌的沙子挑掉，再重新做一次實驗，崩塌還是繼續發生。

現在，我們回到股市的探討上。在穩定與崩塌的循環中，我們很容易理解穩定的作用，那是系統回復理性，也就是效率市場。但在效率市場之下，又為什麼會「累積」成臨界狀態呢？這中間似乎還有一個環節需要進一步探討。

我們在上一章中提過，人並不是「完全理性」，而是「有限理性」。是否市場參與者這種非常輕微的非理性行為，會自我累積，構成所謂的「自組臨界性」，而引發崩盤或泡沫呢？

對於這個問題，直接去測量股市的實際行為恐怕不易得到明確的結果。於是，有些學者就利用電腦驚人的運算能力來模擬股市。他們假設市場的投資人有某些簡單的行為模式，這些行為模式可以用電腦程式去執行。這種模擬，就是在電腦裡建構一個簡化的股市，模擬各種投資人對各種情境的反應。

其實，模擬過程就好像電腦下棋一樣，黑方白方都由電腦擔任，並賦予不同的棋力和性格。只要一開始執行，電腦就會扮演兩者的角色，自動下起棋來。只是，這種模擬比電腦下棋還要複雜一些——電腦要扮演許多不同類型的投資人。

程式從一個簡單的初始環境開始，一步一步執行。在每一步中，「投資人」會根據市場狀況做出投資決策，於是改變了市場狀況，並進入第二步。如此執行數萬步、數十萬步，甚至數百萬步後，看看「股市」會產生什麼變化與結果。有的模擬結果很穩定，有的卻不穩定，沒走幾步就亂了套。有的模擬更有趣，「市場」會在不同的情境中來回震盪。

因此，這種模擬實驗，常常要調整假設的條件和參數，有時候，小小的微調，就會得出完全不同的結果。這正是這種研究方法最有趣的地方，但同時也是最大的缺憾。學術界對這種研究尚未普遍接受。不過，這種研究至少可以給我們一些啟示作用。

二〇〇一年，政大教授陳樹衡與德國基爾大學（University of Kiel）教授勒克斯（Thomas Lux）及物理學家馬凱西（Michele Marchesi）在一篇論文中，設計了一個模擬股市的微結構實驗，去檢驗股市是否具有混沌現象。他們假設股市中有基本分析的投資人，也有雜訊交易者（即技術分析派），且雜訊交易者有偏樂觀與偏悲觀的不同傾向，還會隨著市場調整自己的樂觀、悲觀態度。在這個模型下，股市大多數時候的確會因為基本分析派的參與而符合理性行為，但在某些短期的行為序列當中，雜訊會不斷地擴大，而出現冪次法則現象。

用比較淺顯的說法就是，股市中一定有一部分的人，沒辦法完全掌握資訊，也沒有能力精準地評估價值，他們會追隨市場的氣氛而調整投資傾向，樂觀時更樂觀，悲觀時更悲觀。這些人的交易，為股市帶來不穩定性。而價值投資人的交易，必須等到有足夠的價值與價格差異才會介入，因此無法時時刻刻都把雜訊投資人所帶來的偏差消除殆盡。

在大多數時候，價值投資人的力量足以限制雜訊交易，不使其過度放大。不過有些時候，雜訊交易會累積到連價值投資人都受到影響，甚至也變成了雜訊交易者，而讓市場處於極度不安的狀態。

這就好像堆沙實驗中的情形，大多數時候，一粒沙子落下之後，會被其他沙子穩穩地接住，不會產生崩塌。但沙子與沙子之間的結構畢竟脆弱，累積到某個程度之後就會一起崩潰。

混沌理論

科學家在研究氣象等自然現象時發現，複雜現象裡有個一再重複的簡單規律，譬如山岳，在某些位置上會有一個或數個幾乎完全相似的小山，而這些小山同樣在某些位置上還有小小山（如圖6.5）。這一再重複的規律，往往形成所謂的非線性特性，產生「失之毫釐差之千里」的效果。這種一再重複某個規律所產生的複雜性，會造成事件難以預測，有人稱之為蝴蝶效應。總之，混沌並非完全的混亂，而是無止境的重複所造成的複雜效果，這種現象下，預測是不可能正確的。

換句話說，股市本身會因參與者的「有限理性」，而自動擺脫穩定狀態，並趨向不穩定的臨界狀態。

效率市場假說只解釋了大多數的理性狀態，然而，「有限理性」就像一粒粒鬆散的沙子一樣，會不斷地累積放大，終將把市場帶回到臨界狀態，而導致泡沫或崩盤，如此週而復始。

用白話文說，在混沌理論之下，股市永遠都會有泡沫與崩盤。

投資策略：動手抓出股市裡的黑天鵝

談了那麼多混沌理論，我們所要關心的仍然是：要如何操作？到目前為止，我看到的操作策略有兩大類，第一類是曼德伯所提出的赫斯特指數（Hurst exponent，也稱H值），第二類是塔雷伯所提出的槓鈴策略（barbell strategy）。

曼德伯的概念是，由於混沌現象具有一再重複的簡單規律，因此股價行為會有自我相關的現象；也就是說，股價的變動具有歷史記憶，而不是隨機漫步所主張的股價沒有記憶。他用赫斯特指數H去衡量股價變動的相關性，H是一個介於零到一之間的數，如果H等於〇．

五，表示股市是隨機的。如果大於〇．五，表示有某種程度的正相關性，也就是說，具有續漲續跌的特性。這類的操作策略，基本上就是去計算H值，然後在高H值下採取類似順勢的操作。

但H指數的計算已經超出我們的討論範圍了，有興趣的讀者可以參考曼德伯的書《股價、棉花與尼羅河密碼》（*The [Mis]behaviour of Market*），國內也有幾篇碩士論文把混沌理論應用到股市或投資組合上。

黑天鵝理論

Black Swan Theory

以前歐洲人只見過白天鵝，因此以為所有天鵝都是白的，後來發現黑天鵝的存在，才推翻上述想法。財經作家塔雷伯（Nassim Taleb）所提出的黑天鵝理論，主張人們認為千年罕見的事件其實是會讓我們碰上的，雖然不是很頻繁，但絕不是一輩子都看不到。其特性是，沒有人可以預料此事的發生，但一旦發生，則事態嚴重，影響極大。奇怪的是，人們雖然在事前看不出發生的可能性，卻在發生之後，用各種理由來解釋此事之發生乃「理所當然」之事。股市的崩盤就是一種黑天鵝事件。

塔雷伯的概念則比較簡單易懂。他把股市的大幅波動視為黑天鵝，一種我們無法預測的罕見現象。但黑天鵝絕不是隨機漫步理論用常態分配所估出來的數千年、甚至數萬年才出現一次，而是三、五年或十多年就出現一次。

因此，他的策略很簡單，把大部分的部位放在安穩的公債上，只用小部位去買高槓桿高風險的標的，特別是深度價外的選擇權。只要股市出現大幅波動，就可以賺取暴利。代價是在大波動還沒出現之前，必須長期忍受選擇權價值流失的損失。他稱這是一種流血策略，平日不斷地流血，但不至於死亡，等黑天鵝降臨了，就可大獲全勝。

我曾經與朋友粗略評估這個策略的可行性，我們的結論是困難度頗高。一方面深度價外選擇權的成交量很小，價格不穩定，操作不易；一方面是大略用過去資料試算，獲利似乎不好，而且也不是很穩定。就以股市出現大波動的機會來說，用不同的資料期間、不同的條件去算，會得到從數年、數十年，到一、兩百年的結果，而且參數稍微調整，就會有很大的差異。這個估計，雖然比用常態分配所得到的數萬年還「正確」，卻離實用性有很大的距離。

但我們只是粗糙的估算，而且我們的方法很可能也不正確，所以不能做為論斷這個策略的依據。有興趣的讀者不妨自行研究，看看有沒有機會抓到黑天鵝。

基本上，就像塔雷伯所說的，混沌理論所探討的是未知的未知（unknown unknown），而不是一般所謂可以計算的風險。初始狀態稍有變動，最終的結果就會出現天南地北的差異，這也是大家所熟知的蝴蝶效應。因此，用混沌理論的公式去操作，我覺得充滿了不確定性，終究不是一個穩健的投資策略。

但從另一個角度看，「未知的未知」未嘗不是一個新希望。它指出現代投資理論的盲點，對隨機漫步和效率市場假說提出否證，這讓其他被現代投資理論評為一無是處的各種理論，有了重新檢視和重新定位的新契機。

聰明的你，或許已經得到一些啟發。

｜結　語｜

在沉悶中獲利

平凡的投資，豐富的收成

本書初稿完成後，出版社希望我把自己一些實際獲利的「精采」故事加進來，我無奈地據實回答：我的獲利故事，老實說，都很沉悶。不過，我倒是可以聊聊自己從事價值投資的一些感想。

接下來這幾則故事，可能大多數的讀者會覺得荒誕不經（請一笑置之），但也許會有少數朋友會心一笑。容我不惴淺陋，和有志於價值投資的朋友分享。

投資獲利當然是令人興奮的事，尤其是當獲利足以支應生活所需，讓我們達到財務獨立時。只不過，整個獲利過程實在是平凡無奇，甚至可以說是沉悶。為什麼會這樣呢？

我偏好價值投資。專買一些冷門的績優股，冷門到有時候成交量是個位數，甚至市場一整天都沒有成交，例如好幾年前的琉園。雖然這類公司有穩定的獲利能力、堅實的財務結構，以及良好的董監陣容，但因為種種莫名因素，一時之間不受市場垂愛。

首先，是在「買進時」很沉悶：市場成交量那麼低，建立部位要花好長的時間，有時花了一個月以上的時間還買不到足夠的數量。當然，部分原因是我不想出高價。

然後，「持有期間」也很沉悶：股價總是要死不活的，就算股市大起大落，也好像和我的股票無關。而且我也不常去看股價，只要公司維持一定的獲利能力，我都很放心。

還有，「股價上漲時」照樣也沉悶：有時是每天波動不大，要很長的一段時間才看得出明顯變化；有時是在幾天之內莫名其妙大漲，等我發現的時候，又在新的價位上呈現沉悶的走勢。

這時，要不要賣出持股，對我來說是一點也不緊張刺激，至少不像其他策略那麼緊張刺激。因為賣出也好，不賣也好，我都覺得OK。因為那是好股票，每年都有一定水準的每股盈餘，就算股價再度回跌，以每股盈餘和我的原始持有成本來算，還是有不錯的報酬率。通常我會在漲了百分之五十以後分批逐步減碼，但沒賣掉也沒關係，反正就是不刺激。但利潤就在這種沉悶之中，不知不覺地發生。

我總覺得，我的利潤並不是來自自己的操作，而是來自別人努力的操作。或者我應該說：**價值投資，沒有沉悶就不會有獲利。**

股價越跌，我這種人越興奮

我發現：對價值投資人來說，股價下跌時反而會讓人很興奮——不論自己手上是否已經持有股票。

一般來說，投資人總是希望股票上漲，痛恨下跌，這才是正常的反應，怎麼在股價下跌時，價值投資人反而會情不自禁地興奮呢？

原因很簡單，價值投資人希望買到的股價越低越好。另一方面，就算自己已經持有股票部位，只要公司的基本面沒變，股價下跌又何妨？但股票不跌、沒有跌到理想價位，價值投資就無用武之處，無法建立部位。而沒有部位，哪來的利潤？

價值投資做久了，就會漸漸養成這種矛盾情節，或者說「壞心眼」。如上一節所說，價值投資一般來說是很沉悶的過程，但遇到股市下跌時，就開始忙起來了，不斷地查看自己還有多少現金部位可以買進；垂涎已久的股票，哪一檔即將進入理想價位？如果買了這檔，還有多少錢可以買另一檔？萬一沒買足怎麼辦？唯一不擔心的問題，就是如果買到手之後，股票還繼續下跌。

不知情的人往往會認為，這種行為很虛偽做作，令人厭惡。其實不是的，那是自然反應。股市有上漲就會有下跌，沒有下跌哪來的上漲呢？如果股票不下跌，價值投資不就沒戲唱了。

如果持股滿檔，手中沒有多餘的現金部位，那股市下跌總該讓價值投資人痛苦了吧？其實不會。一方面，如前所述，只要標的公司的基本面沒變，價值投資是不在意股票下跌的。另一方面，手中的部位每年總是會收到一些股息，這些股息必須再投資，才會有複利效果，當然還是希望股價越低越好了。

老實說，我深怕股市不下跌。

漲也賺，跌也賺，股市就有這麼好的事

有人說，人生如棋；其實，投資也像在下棋。如果我們有幸下出一手「將軍抽車」，不論對手如何回應，我們都至少可以吃到一隻車，好爽。

現在，我們來看看「定存股」的投資分析。以一個非常簡化的例子，不考慮稅賦、交易成本等一些細節，來探討定存股的有趣現象。

假設有一檔股票，市價幾乎不動，常年維持在四十元附近，每年配息四元，這家公司的業績和獲利幾乎不會成長，也不會衰退。

我們再假設，除息以後，股價馬上回到四十元，至少等我們拿到股息時已經回到四十元。如果我們以每股四十元買了一百張（即十萬股），成本四百萬，然後每年的配息全部再投資，以市價四十元買入，則持有五年之後，我們這筆投資的市值為六百四十四萬二千零四十元，增值了六一％，每年複利一〇％。

這樣的報酬率，對許多股市投資人來說，一點兒也沒有吸引力。但對於定存族或保守投資人來說，還真是不錯的投資，想想只投資四百萬，到了第五年起，每年可以領將近六十萬

元的股息，而且還每年「加薪」一〇%。如果以市值來看，長抱五年，每年再投資，到了第五年底值六百四十四萬二千零四十元，賺了二百四十多萬，詳如下表。

現在，我們做進一步的情境推演，如果到了第二年不幸發生股災，股價跌到二十元，但第三年起又回到正常的價位四十元，我們的投資會產生什麼變化呢？請看左頁表。

我們可以看到，第二年底這筆投資的市值只剩二百六十四萬元，賠了三四%，約一百四十萬。可是只要不賣，繼續執行這個投資計畫，到了第五年底，我們的市值竟然是七百多萬，比上一個例子還高！

年	1	2	3	4	5
股價	40	40	40	40	40
期初股數	100,000	110,000	121,000	133,100	146,410
期初市值	4,000,000	4,400,000	4,840,000	5,324,000	5,856,400
每股配息	4	4	4	4	4
配息金額	400,000	440,000	484,000	532,400	585,640
可購買股數	10,000	11,000	12,100	13,310	14,641
期末股數	110,000	121,000	133,100	146,410	161,051
期末市值	4,400,000	4,840,000	5,324,000	5,856,400	6,442,040
相對於第一年初%	**110**	**121**	**133.1**	**146.41**	**161.05**

這是怎麼來的呢？原來，是第二年的配息。在上個例子中只能買到一萬一千股，現在因為股價下跌，可以買到二萬二千股，這些多買到的股票一樣每年配息，等市價回穩，就創造出利潤了。

那麼如果第二年不是下跌五〇%，而是上漲五〇%，股價成為六十元，我們的投資又有什麼樣的變化呢？

如一九八頁表格所示，我們的市值在第二年就因為股價上漲而達到七百零四萬元，賺了三百多萬，相當於六、七年的累計配息！才花兩年，就把五年計畫提前完成，而且還超出不少，當然要實現獲利了。如果長抱不放，到了第五年底，則又回到了六百二

年	1	2	3	4	5
股價	40	20	40	40	40
期初股數	100,000	110,000	132,000	145,200	159,720
期初市值	4,000,000	2,200,000	5,280,000	5,808,000	6,388,800
每股配息	4	4	4	4	4
配息金額	400,000	440,000	528,000	580,800	638,880
可購買股數	10,000	22,000	13,200	14,520	15,972
期末股數	110,000	132,000	145,200	159,720	175,692
期末市值	4,400,000	2,640,000	5,808,000	6,388,800	7,027,680
相對於第一年初%	**110**	**66**	**145.2**	**159.72**	**175.69**

十四萬六千八百二十七元，只賺二百二十多萬，比第一個例子（賺二百四十多萬）少，但所差有限。

顯然，我們在第二年應該全部出清獲利了結才對。不過，這裡最妙的地方是：萬一我們沒有那麼厲害，不知道要把握良機獲利了結，而笨笨地錯失良機（相信我，這是常態），死抱到第五年，結果還是賺了二百二十多萬。也就是說，即使決策錯誤，還是有不錯的獲利。

綜合這三個情境來看，我們可以知道，對於極為穩定的「定存股」採股息再投資的策略，往往可以得到不錯的效果。持股期間若股價下跌，反而會提升我們最後的報酬

年	1	2	3	4	5
股價	40	60	40	40	40
期初股數	100,000	110,000	117,333	129,067	141,973
期初市值	4,000,000	6,600,000	4,693,333	5,162,667	5,678,933
每股配息	4	4	4	4	4
配息金額	400,000	440,000	469,333	516,267	567,893
可購買股數	10,000	7,333	11,733	12,907	14,197
期末股數	110,000	117,333	129,067	141,973	156,171
期末市值	4,400,000	7,040,000	5,162,667	5,678,933	6,246,827
相對於第一年初％	**110**	**176**	**129.07**	**141.97**	**156.17**

率，不用恐慌；但如果股價暴漲，幸運的話我們可以提早實現獲利，萬一錯失良機沒有賣掉，還是有不錯的結果。

這不是「將軍抽車」是什麼？

有沒有這麼棒的股票？當然有，只是沒有那麼誇張而已。

其實這正是我好幾年前分析大豐電的模式之一，只是大豐電後來沒有跌五〇％，也沒漲五〇％，僅出現二到三成的漲跌幅。這，就是一個沉悶、但獲利還可以的投資。

人家懶得理會，卻被我當成寶貝的「冷門股」

也許是因為曾經從事可轉換公司債業務多年的關係，我非常的喜歡冷門股。清淡的交易、陌生的公司名稱、冷僻的行業、古怪的老闆。這種股票，除了依法揭露的公開資訊外，很少有分析報告，即使有，研究員通常也會在報告上加註警語：該股交易低迷，請小心流動性風險。大型法人不會投資這種股票，直接從名單上刪除。

這樣的冷門股票，就連公司自己的員工也不願持有，一領到員工配股，就急著出脫。如果朋友問我最近在注意哪些股，說出這些公司名稱之後，總是讓人墜入五里霧，不知如何接下話題。

這是股市裡的真空地帶，裡面其實有不少非常穩健的公司，即使股市不交易而被迫長期持有也沒關係。人跡罕至的地方，我們可以從容不迫地精挑細選，大大增加尋獲寶物的機會。有關冷門股的獲利機會，在前文中已經有所說明，這裡就講一些我個人的體驗吧。

首先，是常常一不小心，我的交易量就會占某一天的五成以上。此外，如果去查閱年報上的股權分散表，有時會赫然發現自己的持股已經進入前一百名，甚至更前面，雖然我的持股不多。

有時候，我喜歡去看經理人的持股，看看我的部位是課長級、經理級、協理級、還是副總級。總經理和董事長通常都是大股東，我沒得比。但冷門公司除了大股東之外，就剩下員工和散戶了，幾乎沒有法人。我喜歡看經理人的持股還有另一個原因：看看他們是否長期持有自家股票，間接了解他們對公司的忠誠與信心。

我從不參加股東會，但會注意公司的動態，遇到疑問處也會發 e-mail 去請教，而冷門公司的發言人通常會非常熱心、也很有耐心地回答。

有一次，我發現某家公司的「銷貨折讓與退回」突然增加了好幾倍，便寫 mail 去問。發言人是該公司的副總，非常資深，很快地就打到我的手機，為我詳加說明。當時我正在和朋友聚會，朋友聽到上櫃公司的副總親自打電話來為我解釋一些神祕的細節，還以為我股票做很大，正在和公司「談生意」。其實，我小咖得很。

那一次的解釋內容，大約是他們的零售業務有個會員回饋金，客人買東西之後可以累積回饋金，做為以後購物的折扣。細節我就不多說了，大致上，是會計師要求他們改變原來的記帳方式，把回饋金先行列帳。由於以前的回饋金沒有這麼做，所以要補提，因此才會出現大額的銷貨折讓。

但這個回饋金是有時效限制的，客人如果沒在時限內再度消費，回饋金就會一筆勾消。我根據過去的 pattern 算了一下，抓出大約再過個一兩年，這些先行提列的回饋金極有可能會大幅沖回，而使得每股盈餘增加一元之多！真是寶貴的資訊。

果然，這家公司兩年後獲利出現大幅增加的情形。但問題來了，這時股價不只是漲，而是突然飆漲，力道遠超過該有的水準，有兩三倍之多。這反而讓我一頭霧水，覺得應該還有其他的故事才對。

後來才傳出，是因為某知名企業集團有意收購這家公司，做為該集團的通路部門。我自己在漲升過程中分批出貨，到最高點為止，一共處分了半數左右的持股，剩下的半數因最後購併案沒談成，股價又跌回「合理」水準。

這就是我投資順發電腦的小故事。

由冷轉熱的 Giant 腳踏車

還有另一種情形，會讓冷門股突然轉熱，成為法人爭相持有的「必要成分股」。通常這是退了流行的熱門大股，被市場打入冷宮好幾年，然後風水輪流轉，意外地又熱了起來。

就以知名的腳踏車龍頭巨大機械來說吧，前幾年因為原物料大漲，壓縮獲利空間，再加上當時的腳踏車被視為「傳統產業」，而成為冷門股。但這家公司正派經營績效不錯，而且是大品牌，有崇高的市場地位。當時的同業都要等巨大正式調漲產品售價才敢跟進。此外，我還看到 Discovery 上播出該公司董事長騎著腳踏車在公司各部門間「巡視」的畫面，我想，有這麼熱愛自家產品的董事長，公司一定錯不了。

後來腳踏車熱席捲全球，台灣甚至還要排隊買車。我每次經過捷安特店家的門口，都會看到裡面黑鴉鴉的人頭。這時，巨大機械自然就晉升為「必要成分股」了。

每一家上市公司都有一段精采的奮鬥故事。我總覺得，一家公司能夠掛牌上市，必然有其過人之處。大多數的企業在創立之後的五年內倒閉；而存活下來，還能繼續成長，並晉升為上市上櫃公司者，一定經歷過許多的挫折與挑戰，其經營者絕非等閒之輩。

然而，經濟的法則是創造性破壞，不斷地淘汰。企業上市之後，仍然要面對無窮盡的挑戰與破壞：新科技、新產品、新加入者、新的產業生態、新的消費文化等等，不斷地破壞每一家企業的既有優勢。成功克服挑戰的公司，就能夠交出亮麗的成績，得到市場的關愛，而成為大家競相追逐的熱門股。遭受打擊，還在困境中奮鬥的公司，就好像家道中落的貴族一樣，每下愈況。

如果投資冷門股，就是去賭這些家道中落的公司有朝一日能夠否極泰來創造新局，那風險未免太大了。因為連身經百戰的上市公司經營人，都已經黔驢技窮陷入困境而無法自拔了，我們一個外部投資人如何有把握它能敗部復活？除非我們消息靈通，知道將有其他企業介入。總之，賭企業敗部復活，儘管潛在獲利很大，終究是高風險的事。

但我相信，在浩瀚的經濟體系當中，存在著一些利基市場，競爭不是那麼激烈，讓裡面的企業有一定水準的獲利，只是市場規模不大且成長有限罷了。這樣的行業很難成為熱門產業，大多數時候被股市所冷落。但一定的獲利能力加上低迷的股價，使價值投資成為可能。長期持有，單靠企業每年的獲利，就有不錯的報酬。有時風水輪流轉，冷門產業突然轉熱，或是成為被收購的對象，那又是一番驚喜。

踩到地雷？放輕鬆，就當做笑話講吧！

我前面談過：價值投資人專挑「低價股」，或是價格被市場「低估」的股票。但總會有一天，想摸魚卻摸到大白鯊。我當然也不例外。

儘管我們按照前面講的概念，做了風險分散，也在選股上精挑細選，但這並不能保證絕不會踩到地雷。

地雷股是如何產生的？有什麼事前徵兆？如何留意這些徵兆以避開地雷？這些，已經有許多專書做過非常精闢而有價值的探討，我在這裡不想多談。對於地雷，事前當然要盡可能地防範。但我要說的是：人難免百密一疏，投資做久了，多多少少都會踩到地雷。在正常的情況下，一般人都把踩到地雷當成恥辱，避而不談。

不過有些時候，三五好友聚在一起，興致來的時候，會互相吹噓誰踩過的地雷比較多，或是比較精采，真是痛快無比。

的確，事過境遷，茶餘飯後，當大家再談起地雷股時，痛苦差不多都已經淡去，反而成為難得的回憶。我們甚至可以用對方肯不肯談地雷經驗，來判斷彼此的友誼到什麼程度，就像小朋友喜歡彼此炫耀自己身上的疤痕一樣。反正事後談起地雷，總是一件快樂的事。

遇到地雷時，不論金額大小，都是極端的痛苦，甚至還會恐慌。也許事發當下會懊惱、悔恨與痛苦萬分，但在時間這個魔術師的調教之下，後來竟然可以變成與快樂幾乎畫上等號的東西，這不是很神奇嗎？我個人認為，這種現象是一個自然法則，並且在人類漫長的演化過程中，融入在我們的基因裡面。

大自然的法則，與其說是進化，不如說是淘汰。大自然每隔一陣子就會出現殘酷的逆境，把不適應者淘汰掉。被逆境摧毀的個體或物種，不但再也不能和存活者競爭，還把自己的肉體或資源釋放出來，讓存活者享有更豐富的資源而欣欣向榮。被大火燒過的山林長得特別茂盛，就是這個道理。

經濟似乎也一樣，不景氣讓許多經營不善的公司倒閉，然後榮景就出現了。不景氣時，競爭特別激烈，而經營不善的公司為了求取現金，往往飲鴆止渴低價搶市，連帶使得好公司也受到影響。此外，只要傳出一家地雷，就會被當成一個警訊，銀行馬上敏感地雨天收傘抽銀根，而上下游廠商間的供貨與收款也會變得非常緊張，因而造成市場流動性突然枯竭，進一步引爆其他的地雷，成為連環爆。這時的市場真是奇慘無比。

但是當經營不善的公司發生連環爆紛紛倒閉之後，惡性競爭也就隨之結束，接下來很可能就是一片榮景。我發現住家附近的一些餐廳最近生意特別好，常常高朋滿座，因為前一陣子金融風暴不景氣時，倒了好幾家。消費者要吃飯，也只能到這些存活下來的「好餐廳」，別無選擇。

個人的投資組合也一樣，地雷爆了一段期間之後，部位的淨值往往會開始大幅攀升，彌補損失綽綽有餘，還有不錯的獲利。許多朋友也有類似經驗，難怪大家事後談起地雷股都眉飛色舞。

地雷固然可怕，但大難不死，必有後福。這是自然法則的一部分。

漸卦

上面的「☴」（巽）代表風或木的意思，下面的「☶」（艮）代表山的意思；猶如草木生於山之上。

風山漸，我的神奇卜卦

台灣有一陣子很流行用卜卦來分析股市，我出於好奇，也跟著人家「八卦」一番。

有一天，我用電腦軟體為股市卜吉凶，想看看這門神祕的學問，到底能給出什麼高明的指示。我個人其實根本不相信任何的預測，當然打從心底懷疑這些怪力亂神，這麼做無非想要「用實證去否定它」，此外就是好玩罷了。

我所占得的卦，是第五十三卦「風山漸」，《卦名解》：

巽卦為風、為木，艮為山，本卦猶如草木生於山之上，有草木漸茂之象，積小成多之意。

意思是山上種樹木，逐漸成為一片美麗的森林。

這個卦還真讓我嚇了一跳，直呼不可思議。

種在山上的小樹苗，要經過漫長歲月才會長大，中間不知有多少的風吹雨打和寒冬酷暑。有的樹苗也許中途夭折，但大多數仍持續茁壯。而且，樹苗的生長呈「指數模式」——當它還是小苗時，也許一年只長個幾公分，但成為大樹之後，一年就可以長出好多好幾公尺長的枝幹。一天兩天也許看不出變化，但假以時日，自然就成了一片鬱鬱蒼蒼的森林。

你不會因為氣象報告說颱風要來了，就把樹苗挖起來移到溫室裡；更不用因為天氣好轉，再把小樹苗移回山上。移來移去的樹苗不但長不大，反而容易傷根，一不小心就掛掉了。山上的林木自有其生命力，我們不必對它呵護備至，事實上，我們也沒有能力去照顧它，我們所需要的只是耐心。

原來，易經是一套古老的生活智慧。投資就如同「漸卦」所說的，自然會長成一座美麗的森林。

走，散步去

初入股市的朋友可能會認為，不過就是買股票嘛，哪來那麼多名堂？而且，看了那麼多五花八門的理論之後，又該怎麼買才對？或者，有人更想直接的問：我手上的股票，會漲到幾塊？

關於你的股票會漲到幾塊的問題，老實說，只有天知道。就算真的有人知道正確答案，恐怕也不會告訴你。這其實是再簡單不過的道理了。世上會有那麼多的投資理論，不就表示沒人說得準嗎？這一切的思考、理論和策略，都是從我們無法預測股價開始。只有當我們真正放棄「精準掌握股價」之後，才算入門。如何在不能預測股價之下，還能穩健獲利，才是我們所要追求的。

那麼，讀了那麼多的理論，接下來，該怎麼做呢？這些投資理論，哪個比較好？或者，我們要怎麼選擇呢？

每一個理論，都是前人腳步。就好像遊記一樣，他們把投資操作的過程、遭遇和心得寫下來，供後人參考。這並不保證我們跟著他們的腳步，就一定成功。就好像我們看了某個生動的遊記之後，也依樣畫葫蘆，跟著去同一個景點旅遊一樣，不一定會得到同樣的體驗。同樣是上阿里山，不一定每個人都看得到日出或雲海。

除了天候因素之外，還有一個股市特有的問題。

假設阿里山突然成了世界知名景點，每個人都想在某年某個櫻花季裡上山觀日出。這時，如果我們照著前人的遊記指南上山，恐怕連車票都買不到了，接下來還有塞車、飯店訂不到，以及上廁所要排個老半天的問題。即使克服萬難，終於上去了，觀日樓上人山人海，你要怎麼看日出？

回到如何選擇投資理論的問題，每個人都說有用的理論，就好像阿里山的例子一樣，等你實際去操作時，未必就能得心應手。途中會出現許多意想不到的難關，讓大多數的人敗興而歸，還不如待在家裡睡大頭覺來得舒坦。

角落裡，意外的銅板

我們在選擇投資理論時也一樣，不要迷信主流或大牌。不妨挑個自己喜歡或是適合自己個性的理論去實踐。不用跟別人去擠熱門，自己慢慢地試做、檢討、思考，就好像在散步一樣。漸漸地，你就會走出你自己的私房景點。你會熟悉此地的一草一木，也會發現，在別人所忽略的角落裡，竟藏著珍寶。

是的，就像在散步一樣，以你自己的腳步，走你喜歡的路。想快就快，想慢就慢，要休息，就停下來欣賞。無數的細節，就會在這個過程中一一被發現。被你一個人所發現。

在此，容我說個多年前的一次出遊經驗。

那是一個濕冷冬季的假日，一早，照例我和太太討論到哪玩比較好，想了好幾個地點，都沒有共識。最後，我們決定走剛通車不久的北宜高速公路，到蘇澳「探險」。

蘇澳以冷泉聞名，然而，在濕冷的冬季裡泡冷泉，大概是瘋了。到達時，停車場上空蕩蕩的，還以為冬天不開放呢。我們硬著頭皮進去泡冷泉，裡面空無一人，只有我們一家子在享受。冷泉旁的牆上還掛著夏天擠滿人潮的照片，與現場形成一個有趣的對比。

那天，蘇澳冬陽和煦，溫度宜人，完全不是我們從台北出發時所能想像的。

我沒忘記找找看地上、角落或衣櫃裡，有沒有別人所遺失的銅板或紙鈔。很可惜，我沒找到。

泡完冷泉，無限快活。臨走時，我在某個角落裡竟意外地看到了一個銅板，而這個地點，剛剛也找過，怎麼就沒發現呢？

驚喜之餘，我沒拿走那枚銅板，反而再多放一個。

國家圖書館出版品預行編目（CIP）資料

我的職業是股東 ：平凡的投資，豐富的收成 / 林茂昌著 . -- 二版 . -- 臺北市 : 早安財經文化 , 2018.10
面； 公分 . -- (酷理財 ; 38)
ISBN 978-986-83196-1-5 (平裝)

1. 股票投資 2. 投資技術 3. 投資分析

563.53 107016480

酷理財 38

我的職業是股東

平凡的投資，豐富的收成

作　　者：林茂昌
特約編輯：莊雪珠
封面設計：Bert.design
責任編輯：沈博思、劉詢
行銷企畫：楊佩珍、游荏涵

發 行 人：沈雲驄
發行人特助：戴志靜、黃靜怡
出版發行：早安財經文化有限公司
台北市郵政 30-178 號信箱
電話：(02) 2368-6840　傳真：(02) 2368-7115
早安財經網站：www.goodmorningnet.com
早安財經粉絲專頁：http://www.facebook.com/gmpress

郵撥帳號：19708033　戶名：早安財經文化有限公司
讀者服務專線：(02)2368-6840　服務時間：週一至週五 10:00~18:00
24 小時傳真服務：(02)2368-7115
讀者服務信箱：service@morningnet.com.tw

總 經 銷：大和書報圖書股份有限公司
電話：(02)8990-2588
製版印刷：中原造像股份有限公司
二版 1 刷：2018 年 10 月
二版 31 刷：2023 年 3 月

定　　價：330 元
I S B N：978-986-83196-1-5（平裝）

是的，就像在散步一樣，以自己的節奏，走自己喜歡的路。

想快就快，想慢就慢，要休息，就停下來欣賞。

你會好像突然看到另一度空間似的，豁然開朗……